Favoriser l'estime de soi des 0-6 ans

La Collection de l'Hôpital Sainte-Justine

pour les parents

Favoriser l'estime de soi des 0-6 ans

Danielle Laporte

Éditions de l'Hôpital Sainte-Justine

Centre hospitalier universitaire mère-enfant

Données de catalogage avant publication (Canada)

Laporte, Danielle

Favoriser l'estime de soi des 0 – 6 ans

Éd. abrégée et rev.

(Collection de l'Hôpital Sainte-Justine pour les parents)
Version abrégée et rev. de : Pour favoriser l'estime de soi des tout-petits.
Comprend des réf. bibliogr.

ISBN 2-922770-43-5

1. Estime de soi chez l'enfant. 2. Éducation des enfants. 3. Confiance en soi chez l'enfant. 4. Estime de soi chez l'enfant – Problèmes et exercices. I. Hôpital Sainte-Justine. II. Titre. III. Titre : Pour favoriser l'estime de soi des tout-petits. IV. Collection.

BF723.S3L372 2002 155.4'182 C2002-940988-8

Illustration de la couverture : Geneviève Côté

Infographie : Nicole Tétreault

Diffusion-Distribution au Québec : Prologue inc.
en France : Casteilla Diffusion
en Belgique et au Luxembourg : S.A. Vander
en Suisse : Servidis S.A.

Éditions de l'Hôpital Sainte-Justine (CHU mère-enfant)
3175, chemin de la Côte-Sainte-Catherine
Montréal (Québec) H3T 1C5
Téléphone : (514) 345-4671
Télécopieur : (514) 345-4631
www.hsj.qc.ca/editions

ISBN 2-922770-43-5

Dépôt légal : Bibliothèque nationale du Québec, 2002
Bibliothèque nationale du Canada, 2002

La Collection de l'Hôpital Sainte-Justine pour les parents bénéficie du soutien du Comité de promotion de la santé et de la Fondation de l'Hôpital Sainte-Justine.

Le masculin est utilisé pour désigner les deux sexes, sans discrimination, et dans le seul but d'alléger le texte.

Table des matières

Si l'estime de soi m'était contée

Il était une fois un roi et une reine qui désiraient ardemment avoir des enfants. Mais tous leurs efforts restaient vains et cela les rendait malheureux. Un jour pourtant, leur vœu fut exaucé et deux fois plutôt qu'une. En effet, ils eurent des jumeaux. Une petite fille mignonne et délicate, et un petit garçon vif et costaud.

Le roi et la reine firent une grande fête à laquelle ils convièrent toutes les fées et tous les mages du royaume. Le couple royal voulait que leurs enfants obtiennent en cadeau des dons merveilleux. Ils espéraient ainsi, comme tous les parents du monde, que leurs petits soient heureux.

Les fées se penchèrent sur le berceau de la fillette et lui soufflèrent à l'oreille : « Petite princesse, nous t'apportons la beauté, la grâce, la douceur et la poésie. » Les mages se penchèrent à leur tour sur le berceau du garçonnet et lui dirent à l'oreille : « Petit prince, nous t'apportons la force, la détermination, l'enthousiasme et l'habileté manuelle. »

Les années s'écoulèrent et les deux bambins se développèrent de façon harmonieuse. Le jour de leur quatrième anniversaire, les fées et les mages furent conviés à un souper de fête. Ils constatèrent alors avec bonheur que les enfants avaient bien développé les dons qu'ils leur avaient offerts. Mais ils furent également surpris de s'apercevoir que la fillette était espiègle, agile et très déterminée tandis que le garçonnet était sensible, créateur, chaleureux et rieur. Ils allèrent trouver le roi et la reine pour connaître le nom de l'enchanteur qui avait complété leur propre magie.

Le roi et la reine, rayonnants de bonheur, leur expliquèrent qu'ils étaient eux-mêmes les enchanteurs et que la magie qu'ils avaient utilisée était celle de l'amour et de l'espoir en leurs enfants : « Nous avons inculqué à nos petits une grande confiance en eux, ajoutèrent-ils. Nous avons évité de les comparer et nous les avons encouragés à développer le meilleur d'eux-mêmes. C'est de cette magie-là dont les parents disposent et vous pouvez constater à quel point elle est puissante. »

Depuis ce jour, dans le royaume, à la naissance de chaque bébé un édit royal rappelle aux parents qu'ils ont le pouvoir magique de favoriser l'estime de soi chez leur enfant.

Introduction

L'estime de soi, c'est la certitude intérieure de sa propre valeur, la conscience d'être un individu unique, d'être quelqu'un qui a des forces et des limites.

L'estime de soi est liée à la perception qu'on a de soi-même dans différents domaines de la vie. De façon générale, le jugement qu'on porte sur soi-même est lié à la perception des différents rôles que la vie amène à jouer. Si un homme estime qu'être un bon père c'est rapporter beaucoup d'argent, entraîner son garçon au hockey et le gronder lorsqu'il le mérite, son estime de soi comme père fluctuera en fonction de sa capacité à remplir ces rôles. Si ce père perd son emploi, si son garçon déteste le hockey et s'il est plus affectueux que punitif, il aura une bien mauvaise estime de soi comme père.

Les enfants forgent leur image d'eux-mêmes en observant leurs parents et en les écoutant. Mais c'est surtout en voyant et en ressentant la fierté ou la déception de leurs parents à leur endroit qu'ils construisent cette image. L'estime de soi, c'est cette petite flamme qui brille au fond des yeux d'un enfant lorsque maman ou papa le louange ou lui exprime sa satisfaction.

Pour un petit enfant, avoir une bonne estime de soi, c'est essentiellement :

- être bien dans son corps;
- avoir le sentiment profond d'être aimable;
- avoir la conviction d'être capable;
- être fier d'être un garçon ou fière d'être une fille;

- être à l'aise avec les autres;
- espérer et croire que ses besoins seront comblés et que ses désirs seront sinon satisfaits du moins reconnus dans un avenir rapproché.

Chez les petits enfants, on parle plus souvent de confiance en soi que d'estime de soi parce que les enfants sont concrets et parce qu'ils ne réfléchissent pas vraiment sur eux-mêmes. Ils vivent pleinement, au jour le jour. Ils ressentent des émotions et les expriment avec leur corps. Ils posent des tas de questions pour tenter de comprendre le monde. Ils jouent et inventent afin d'exercer leurs nouvelles capacités physiques, affectives et intellectuelles, et de les intégrer dans leur développement.

En bref, les tout-petits vivent le moment présent. Ils ont un tempérament et un bagage génétique innés qui colorent la façon dont ils vivront toutes les expériences de leur vie. Ils dépendent également de leur entourage et ils croient dur comme fer à la toute-puissance des adultes et des personnes qui comptent pour eux: parents, frères et sœurs, éducatrices de garderie, grands-parents, amis.

Les parents peuvent aider leurs tout-petits à développer des attitudes de base qui favorisent la confiance en soi et, plus tard, une bonne estime de soi. Toutefois, il est illusoire de penser que cette estime de soi se développe une fois pour toutes.

En effet, l'estime de soi se bâtit au fur et à mesure que se déroulent les expériences de la vie. Elle se construit en vivant des succès, en ayant des réactions positives, en faisant des choses nouvelles et en créant. Toutefois, la vie procure à chacun son lot d'échecs, de difficultés et d'expériences de rejet. Dans la famille, avec les amis, à la garderie ou à l'école, on vit le meilleur et le pire, les peines les plus vives comme les joies les plus grandes. Il faut souligner que les frustrations, tout autant que les gratifications, sont importantes pour le développement de l'estime de soi chez l'enfant.

L'estime de soi est une réalité changeante. Dans les moments de bonheur, elle est une fleur qui s'épanouit et, dans les moments de tension ou de malheur, elle risque de s'étioler. Mais le plus important consiste à savoir qu'elle peut toujours fleurir dans notre jardin intérieur pour peu que les parents pensent à la garder en vie et à l'entretenir continuellement.

Bien sûr, la question se pose de savoir s'il faut se comporter en super parents ou en parents parfaits pour favoriser l'estime de soi des tout-petits. La réponse est qu'il suffit de vivre avec ses enfants en gardant constamment à l'esprit six mots clés:

Plaisir - Amour - Sécurité - Autonomie - Fierté – Espérance

Plaisir : le plaisir vécu dans le corps grâce aux caresses, aux baisers et à l'excitation du jeu est essentiel à l'enracinement de l'enfant dans son monde personnel. Plaisir du jeu, plaisir d'apprendre, plaisir de vivre en société, tous ces plaisirs sont importants pour établir l'estime de soi. Quelqu'un qui vit du plaisir dans sa petite enfance pourra toujours revenir à cette expérience intime de contentement dans les moments plus difficiles.

Amour: le fait d'être aimé permet de se sentir aimable et, de là, de se sentir important. Faire l'expérience de l'amour reçu et donné consolide l'image de soi; cela permet aussi de se sentir bon intérieurement. Chacun a besoin que ses parents lui disent leur amour et qu'ils le démontrent de mille façons.

Sécurité: on ne peut pas développer une bonne image de soi si on vit constamment dans la peur ou l'inquiétude.

Chacun a besoin de stabilité pour bâtir un sentiment de confiance en l'autre puis en soi-même. Les parents peuvent procurer cette sécurité en minimisant les changements, en posant des limites réalistes et en répondant aux besoins de leurs enfants.

Autonomie : tous les enfants se disent « capables », car il y a une sorte de moteur puissant à l'intérieur d'eux qui les pousse à essayer, à risquer et à agir seuls. L'autonomie, c'est cette volonté de faire les choses par soi-même. Les parents qui favorisent l'autonomie n'abandonnent d'aucune façon leurs responsabilités. Ils ne cessent pas pour autant de « faire attention » à l'enfant.

Fierté : l'enfant doit apprendre à être fier de lui. Pour cela, les parents doivent souligner ses bons coups et ses réussites, le valoriser et favoriser l'expression de tous ses talents. Cela exige d'avoir des attentes réalistes à l'endroit de l'enfant et de l'accepter comme il est et non pas comme on voudrait qu'il soit.

Espérance : pour grandir, l'enfant doit pouvoir espérer et croire que ses parents vont entendre ses demandes, répondre à ses besoins et écouter ses désirs. Il doit aussi apprendre à accepter qu'il y ait un délai entre le moment où il fait sa demande et celui où elle est exaucée ; c'est ainsi qu'il entretient sa « motivation ». Espérer, c'est apprendre à se fixer des buts réalistes et à faire des efforts pour atteindre ce but. Voilà une autre façon de favoriser l'estime de soi !

Le présent livre veut être un outil pratique pour les parents, un aide-mémoire en quelque sorte. Il veut vous aider à témoigner de votre désir de suivre au jour le jour non seulement les progrès physiques de votre petit, mais aussi les progrès psychologiques qu'il accomplit dans le développement d'une identité positive.

Pour les fins de ce livre, nous avons établi des groupes d'âge et nous les avons définis de la façon suivante après avoir attribué à chacun un symbole :

- les bébés : 0 à 9 mois
- les explorateurs : 9 à 18 mois
- les décideurs : 18 à 36 mois
- les magiciens : 3 à 6 ans

SAVIEZ-VOUS QUE...

- Avoir une bonne estime de soi, ce n'est pas avoir la tête enflée ou se prendre pour quelqu'un d'autre. C'est plutôt se connaître suffisamment bien pour pouvoir utiliser ses forces personnelles tout en ayant une vue assez juste de ses limites. C'est pouvoir faire face aux difficultés de la vie en croyant fermement en soi, sans se faire d'illusions et sans cultiver le sentiment de devoir être le meilleur au monde.
- Avoir une bonne estime de soi, c'est rechercher l'harmonie en soi et avec les autres.
- Les tout-petits n'ont ni la capacité physique ni la maturité intellectuelle ou le détachement affectif pour réaliser tout cela. Ils sont fondamentalement égocentriques, impulsifs, exigeants, centrés sur leur plaisir et très dépendants des adultes pour satisfaire leurs besoins. Il appartient aux parents et à tous les adultes qui les côtoient de les aider à avancer pas à pas dans la bonne direction.

Chapitre 1

J'ai confiance

▼

La confiance en soi commence par la confiance en l'autre. Le petit bébé, pour survivre, dépend totalement de sa mère. Puis, très rapidement, il commence à dépendre aussi de son père et de tous ceux qui prennent soin de lui.

La relation d'attachement, qui est à la base de la confiance en soi, s'établit par un ajustement constant dans les relations entre les parents et les enfants.

- Le bébé (0 à 9 mois) sait que ses pleurs vont amener le lait, la couche propre et les caresses.
- L'explorateur (9 à 18 mois) n'ignore pas que ses parents le protègent des risques inhérents à son insatiable curiosité.
- Après sa crise mémorable au centre commercial, le décideur (18 à 36 mois) ne doute pas que ses parents continuent à l'aimer.
- Enfin, le magicien (3 à 6 ans) sait bien que ses parents écoutent ses fabulations avec une oreille complaisante mais incrédule.

La confiance règne si l'enfant sent que ses parents encouragent son plaisir, l'aiment et lui mettent des limites qui le sécurisent, s'ils lui permettent de faire des expériences personnelles, s'ils le félicitent et l'aident à persévérer.

Mon enfant peut me faire confiance

Je connais les besoins de mon enfant

Tous les parents veulent répondre aux besoins de leur enfant. Ils savent que celui-ci a besoin de nourriture, de chaleur, d'amour, de discipline, d'écoute, d'amis, et qu'il a aussi besoin qu'on l'encourage à apprendre.

De plus, chaque enfant a son tempérament personnel, ses talents propres ainsi que ses faiblesses. Il n'est pas toujours facile pour les parents d'accepter l'enfant réel qui est le leur et de faire le deuil de l'enfant rêvé. Cela est pourtant nécessaire s'ils veulent répondre aux besoins particuliers de leur enfant.

Il importe donc que chaque parent se demande s'il est fiable, c'est-à-dire s'il connaît bien les besoins de son enfant, quel que soit l'âge de ce dernier (bébé, explorateur, décideur ou magicien).

Voici, à titre indicatif, les principaux besoins des enfants :

Les besoins physiques

- manger, dormir, éliminer, être au chaud, être lavé, caressé et bercé ;

- être encouragé à fouiller et à se déplacer ;
- être protégé car sa curiosité l'amène partout ;
- être protégé contre sa témérité puisqu'il grimpe partout ;

- être protégé lorsqu'il fait ses crises ;
- apprendre à contrôler ses sphincters ;

- exercer ses habiletés sur le plan de la motricité globale et de la motricité fine.

Les besoins affectifs

- amour, contacts physiques;
- qu'on lui parle, qu'on le stimule et qu'on l'entoure;
- vivre de petites frustrations;

- qu'on l'encourage à se déplacer pour explorer;
- qu'on lui donne une petite marge de manœuvre;
- qu'on lui dise clairement où sont les limites;

- faire de petits choix;
- s'affirmer;
- être rassuré après une crise;

- être reconnu comme garçon ou comme fille;
- avoir l'occasion d'exercer ses pouvoirs de séduction;
- attirer l'attention de sa mère si c'est un garçon ou de son père si c'est une fille;
- vivre de la complicité avec ses parents.

Les besoins d'apprendre

- être stimulé sur les plans visuel, auditif et tactile;
- qu'on lui parle, qu'on l'écoute;
- qu'on respecte son rythme;

- qu'on lui permette de fouiller en toute sécurité;
- qu'on le laisse ramper, marcher, courir;
- qu'on lui nomme les objets, les sentiments;

- qu'on stimule son autonomie en lui faisant confiance;
- qu'on le laisse s'habiller (au moins en partie);

- qu'on lui permette de choisir certains mets;
- qu'on l'amène au parc;
- qu'on le laisse essayer;

- qu'on lui propose des jeux d'imagination;
- qu'on stimule sa créativité dans les arts plastiques;
- qu'on lui permette de dessiner, de découper;
- qu'on réponde à ses questions.

Les besoins sociaux

- avoir au moins une personne significative (mère, père, gardienne) qui se préoccupe de lui;
- être parfois en contact avec des personnes moins significatives;

- établir des liens étroits avec ses deux parents;
- avoir l'occasion d'imiter d'autres enfants;

- être en contact avec d'autres enfants;
- établir des liens avec d'autres adultes;
- apprendre à partager... un peu;

- avoir des amis;
- établir des contacts avec plusieurs adultes.

Certains bébés sont plus difficiles que d'autres. Ils réclament beaucoup d'attention et il est souvent compliqué de décoder leurs besoins réels. Dans ces conditions, il ne faut pas céder à la panique, mais revenir aux besoins de base, respirer et patienter. Ces enfants deviennent souvent des lutins fort dynamiques.

Je suis à l'écoute de mon enfant

Plus l'enfant est jeune, plus le langage corporel domine. L'enfant s'exprime par son corps, avec son corps : il pleure, il crie, il rit, il dort bien ou mal, il est calme ou agité. En vieillissant, il s'exprime de plus en plus souvent par la parole, mais son langage est essentiellement utilitaire : jus, bobo, aller mener, etc.

Vers 3 ou 4 ans, l'enfant utilise de plus en plus souvent le langage parlé ainsi que le jeu ou l'imaginaire pour transmettre ses messages. Par exemple, la petite fille tape sa poupée en lui disant : « Méchante, tu as tapé ton petit frère ! » ; le petit garçon gribouille sur une feuille jusqu'à la noircir. Ce langage est symbolique, tout comme les rêves.

Il est important d'observer son enfant pour découvrir la façon dont il exprime ses besoins, sa peine, sa colère, son plaisir, ses désirs, son amour. Il faut constater aussi comment on réagit habituellement à ses demandes, lorsqu'il pleure, crie, s'affirme, exige, lorsqu'il est malade…

Un enfant a tendance à répéter un comportement si celui-ci provoque une réponse positive chez ses parents. Si un enfant obtient tout ce qu'il veut en pleurant, il a tendance à le faire de plus en plus souvent. S'il se rend compte qu'on l'écoute lorsqu'il parle clairement et calmement, il cherche à s'exprimer plus souvent de cette façon-là, et même à argumenter.

Avant l'âge de 7 ou 8 ans, les enfants ont de la difficulté à exprimer leurs émotions. Lorsqu'ils ont de la peine, ils pleurent ; lorsqu'ils sont fâchés, ils crient ou jettent des objets par terre ; lorsqu'ils sont anxieux, ils s'agitent ou ils ont de la difficulté à manger et à dormir. Les parents peuvent les aider en verbalisant ces émotions à leur place, de façon simple, courte et concrète. Ils peuvent dire, par exemple : « Martin, ça te fâche que maman n'ait pas le temps de jouer avec toi » ;

« Nathalie, je vois que tu as beaucoup de peine parce que ton amie est repartie chez elle ».

Être à l'écoute et décoder

Si vous voulez exercer votre capacité d'écoute et de décodage, il vous faut attendre d'être dans un état de calme, de patience et de disponibilité, et vous sentir positif.

Voici maintenant une façon de procéder.

1) À chaque fois que votre enfant exprime un besoin, un sentiment ou une idée, notez bien sa façon de faire : ses expressions physiques (réagir calmement, s'agiter, avoir mal au ventre…), émotives (rire, pleurer, crier…), verbales (discuter, argumenter…), symboliques (rêver, dessiner…).
2) Lorsque votre enfant s'exprime, arrêtez-vous, observez-le, écoutez-le, portez-lui attention.
3) Décrivez à voix haute ce que vous voyez (« Nicolas, tu es très calme ce matin » ; « Maude, tu pleures beaucoup lorsque je suis occupée » ; « Tu es si fâché que tu abîmes tes dessins préférés ».
4) Voyez comment votre enfant réagit à votre description.
5) Exprimez à la place de l'enfant le sentiment qu'il semble vivre : « Je pense que tu n'aimes pas que je donne le sein à ton petit frère. » « Je vois que tu es très contente que papa aille au parc avec toi. » « Tu as de la difficulté à attendre et ça te fait de la peine. »

6) Si l'enfant exprime un besoin, un sentiment ou une idée et que vous voulez ou pouvez réagir immédiatement, n'hésitez pas à le faire. Mais avant de passer à l'action, n'oubliez pas de faire les étapes précédentes.
7) Si l'enfant exprime un besoin, un sentiment ou une idée, et que vous ne voulez pas ou ne pouvez pas réagir immédiatement, dites-lui que sa demande n'est pas réalisable, que son besoin peut attendre un peu, que son idée est bonne mais impossible à mettre en action.
8) Ne donnez pas de longues explications. Ne faites que constater la réaction de votre enfant.

Je sécurise mon enfant

Pour avoir confiance, un enfant doit se sentir en sécurité, tant sur le plan physique qu'affectif. Si l'enfant souffre d'insécurité, il ne sert à rien de lui dire qu'il est beau et gentil. Tous les bons mots glisseront sur lui comme de l'eau sur les plumes d'un canard.

L'enfant a besoin que vous établissiez des routines stables en ce qui concerne la nourriture, le sommeil, les soins physiques, les sorties. Ces routines ont pour effet de le sécuriser et de le situer dans le temps et dans l'espace. Il n'y a rien de plus difficile pour un petit que de vivre des changements fréquents. Lorsque le travail oblige les parents à des horaires variables, ils devraient s'arranger, si possible, pour qu'il y ait une gardienne à la maison qui respecte la routine établie.

Un enfant a aussi besoin de ses deux parents, mais il n'en a pas besoin tout le temps. Plus il vieillit, plus il est capable de s'éloigner d'eux. Cependant, il ne peut pas se sentir aimé et en sécurité si ses parents ne sont pas assez souvent à la maison. Une relation d'attachement ne se construit que s'il y a une présence quotidienne. Il faut être avec l'enfant et faire avec l'enfant: partager avec lui des moments de la journée (lever, repas...), faire avec lui des activités adaptées à son âge, s'organiser pour qu'il ne vive pas trop de changements.

En ce qui concerne les changements, il faut savoir qu'ils provoquent du stress même chez les petits bébés. Or, un enfant a besoin de stabilité. Des déménagements fréquents, des changements de gardienne ou de garderie, une garde partagée incohérente (deux jours chez l'un puis trois jours chez l'autre, par exemple), des changements d'horaire imprévisibles, tout cela crée une insécurité qui nuit au développement de l'enfant. Par ailleurs, il faut bien constater que les changements sont inévitables. Ils font partie de la vie et il est sain qu'un enfant développe des mécanismes d'adaptation. L'enfant élevé en vase clos, celui qui n'a jamais affaire à une gardienne par exemple, sera bien démuni au moment de son entrée à l'école.

UN PETIT SECRET AU SUJET DES ACTIVITÉS !

Choisissez des activités qui vous font plaisir et faites ce que vous aimez faire. Ne vous forcez pas, car votre enfant ressentira votre désintérêt et pensera que c'est lui qui vous ennuie. L'important, c'est d'avoir du plaisir à être avec votre enfant tous les jours, à des moments que vous avez choisis. Faites en sorte que les moments passés avec lui soient des moments privilégiés.

Quelques trucs pour diminuer le stress chez les enfants

Leur faire un massage, les laisser courir dehors et dépenser leur énergie, diminuer la pression et les exigences, favoriser l'expression de la créativité, donner un bon bain chaud, utiliser l'humour pour dédramatiser la situation, les cajoler un peu plus qu'à l'ordinaire.

De nos jours, trop d'enfants sont bousculés par le désir impératif des parents de les voir « performer » de plus en plus tôt. Il n'est pas surprenant que de plus en plus d'enfants souffrent d'ulcères d'estomac, d'insomnie, d'anxiété et de dépression. Les enfants ont droit au **respect de leur rythme**. Il ne sert à rien de tirer sur la fleur pour qu'elle pousse ; on risque plutôt de la faire dépérir.

Les parents d'aujourd'hui parlent beaucoup à leurs enfants et c'est une très bonne chose. Cela apprend aux enfants à s'exprimer, à se sentir importants et à communiquer sans gêne. Toutefois, le fait de parler ne s'avère pas toujours un moyen efficace pour les sécuriser, pour contrôler certains de leurs comportements ou les aider à avoir des attitudes agréables et acceptables.

La plupart des parents craignent de traumatiser leurs enfants en faisant de la **discipline**. Cela vient peut-être du fait que ce petit mot a une connotation négative et qu'il fait trop souvent référence à des punitions physiques, à de l'intransigeance et à une lutte de pouvoir. Pourtant, la discipline est vraiment nécessaire au bonheur des enfants. Elle leur permet de savoir où sont leurs limites et celles de leurs parents, d'éviter les dangers, d'apprendre à faire plaisir aux autres, de penser avant d'agir et de vivre dans un climat plus harmonieux.

Il ne s'agit pas ici de brimer l'enfant, mais de le guider. Il ne s'agit pas de le contraindre, mais de lui transmettre des valeurs.

Voici sept façons de vivre en harmonie avec les jeunes enfants.

1. Se concentrer sur des règles importantes.
2. Aller à la pêche aux sentiments.
3. Être constant.
4. Donner des responsabilités.
5. Laisser l'enfant prendre de petites décisions.
6. Dire non clairement.
7. Être souple sur des points secondaires.

J'applique une discipline aimante

Toute discipline doit s'inscrire dans une relation aimante. Elle suppose que le parent a une attitude claire (il choisit de trois à cinq règles, les dit simplement, sans argumenter, sans culpabiliser et sans menacer), qu'il ignore certains comportements moins importants ou qui ne sont pas dangereux, qu'il reste positif (il encourage, félicite, donne du temps, écoute, récompense) et qu'il fait vivre à son enfant les conséquences naturelles et logiques de ses actes, en ne portant un jugement que sur cet acte, et non sur l'enfant.

La discipline avec les bébés (0 à 9 mois)

Besoins :

- d'attachement ;
- d'amour ;
- de soins de base ;

- de routines pour s'autoréguler;
- qu'on leur parle;
- qu'on respecte leur rythme;
- qu'on les protège des dangers.

Discipline:

- instaurer des routines sur le plan du sommeil et sur celui de l'alimentation;
- instaurer de bonnes habitudes d'endormissement;
- leur apprendre à tolérer graduellement la frustration.

La discipline avec les explorateurs (9 à 18 mois)

(Ils fouillent, marchent et commencent à parler.)

Besoins:

- d'être protégés par l'éloignement des objets dangereux ou précieux;
- de routine pour l'entraînement à la propreté;
- d'exercer leur motricité;
- d'attention immédiate (ils attirent souvent l'attention par des mauvais coups);
- d'exercer un début de surmoi (se dire non à eux-mêmes);
- de recevoir du parent du temps de qualité;
- de feed-back (transmettre le message avec «je»: «Je n'aime pas ça quand on crie» et non pas «Tu cries trop»);
- d'être soutenus dans les transitions;
- de remerciements;
- d'amour, de reconnaissance de leurs forces et de leurs limites.

Discipline :

- demander une seule fois, intervenir tout de suite si l'enfant ne réagit pas, aller vers lui, retirer sa main et l'entraîner plus loin ;
- s'il recommence ou fait une crise, mettre l'enfant à l'écart pendant quelques minutes ;
- se rappeler qu'à cet âge les enfants :
  - sont naturellement fouilleurs, curieux et agités,
  - ne peuvent pas s'exprimer facilement avec des mots,
  - ne comprennent pas la logique.

LA DISCIPLINE AVEC LES DÉCIDEURS (18 À 36 MOIS)

(Ils parlent, se fâchent et veulent décider.)

Besoins :

- de faire des choix ;
- d'agir seuls ;
- de décider et de s'opposer ;
- de bouger.

Discipline :

- laisser à l'enfant le choix entre deux solutions qu'on accepte d'avance ;
- faire de petits concours de vitesse ;
- utiliser l'humour mais non le sarcasme ;
- si l'enfant désobéit, ne pas discuter et cesser toute activité, le mettre en retrait dans l'escalier, sur une chaise ou dans sa chambre. Cela ne vaut que pour deux ou trois comportements parmi les plus importants et seulement pour quelques minutes ;

- redonner de l'attention positive tout de suite après ;
- se rappeler qu'à cet âge les enfants sont naturellement :
  - impulsifs et colériques,
  - égoïstes,
  - incapables de se mettre à la place des autres.
- se rappeler également qu'à cet âge :
  - il y a des limites à l'obéissance, car on doit tenir compte des capacités des enfants.

LA DISCIPLINE AVEC LES MAGICIENS (3 À 6 ANS)
(Ils inventent, fabulent et se créent un univers magique.)

Besoins :

- de plaire ;
- d'être reconnus (comme garçons ou filles) ;
- d'avoir des amis ;
- d'utiliser leur imaginaire ;
- d'être écoutés ;
- d'être stimulés ;
- qu'on respecte leur rythme.

Discipline :

- faire la discipline en fonction d'enfants très sensibles au dénigrement ;
- commencer à donner de petites responsabilités ;
- donner des renforcements positifs ;
- transmettre les messages en « je » ;

- toujours donner des explications courtes et claires ;
- instaurer des rituels entourant le coucher, la toilette et les repas ;
- mettre face aux conséquences des actes, immédiatement après une action négative ;
- mettre face aux conséquences logiques et naturelles des actes ;
- mettre en retrait ;
- rappelons qu'à cet âge les enfants :
  - n'ont pas la notion du mensonge (ils fabulent),
  - ont des peurs bien réelles puisque leur imagination est fertile,
  - adorent manipuler leurs parents,
  - sont portés naturellement à chercher à plaire au parent du sexe opposé,
  - imitent leurs amis.

Il faut se souvenir que tout ce qui est reçu par l'inconscient l'est positivement. Par exemple, il est certain que vous allez penser à votre mère si quelqu'un vous dit : « Ne pensez pas à votre mère. » De même, si on dit à un petit garçon : « Ne tire pas les cheveux de Nathalie », vous devinez facilement à quoi celui-ci va immédiatement penser.

Il est important de toujours dire ce qu'on veut que l'enfant fasse et non ce qu'on veut qu'il ne fasse pas. Ainsi, on dira : « Je veux que tu joues dans la cour », plutôt que : « Je t'interdis de jouer sur le trottoir. »

Je peux faire confiance à mon enfant

Je sais dans quel domaine je peux faire confiance à mon enfant

Est-ce que je fais confiance à mon enfant, à ses capacités? Pour lui faire confiance, il faut évaluer de façon réaliste ses capacités et ses ressources personnelles. Il faut se rendre compte qu'il se développe et constater ses progrès constants.

Vérifiez le niveau de connaissance que vous avez des domaines dans lesquels vous pouvez faire confiance à votre enfant.

Mon enfant est capable de me faire connaître ses besoins.

- Il est capable de se défendre.
- Il n'est pas trop téméraire.
- Il sait se faire aimer par les autres adultes.
- Il sait se faire aimer par les autres enfants.
- Il est capable de se débrouiller pour des choses simples comme s'habiller, se verser du jus.
- Il est capable d'aller vers les autres.
- Il se développe bien.
- Il apprend bien.
- Il s'adapte bien aux nouvelles situations.

Faire confiance à l'enfant, c'est être capable de favoriser son évolution sans le surprotéger. Cependant, les parents doivent demeurer conscients des dangers et des limites liés à son développement: vulnérabilité émotionnelle, capacité de raisonnement limitée et habiletés physiques restreintes. Les parents sont là pour le protéger sans le brimer.

Je protège mon enfant sans le surprotéger

Chaque parent doit apprendre à protéger son enfant sans le surprotéger ou, en d'autres mots, doit adopter des attitudes qui favorisent l'estime de soi. Voici des exemples de protection et de surprotection.

Dans le cas des **bébés**, il y a des gestes, des comportements ou des attitudes qui font appel à la protection (par exemple, vérifier s'il n'y a pas d'objets dangereux dans son berceau, vérifier s'il est propre, éviter de changer fréquemment de gardienne, tout mettre en œuvre pour respecter ses routines). D'autres font appel à la surprotection (avoir constamment l'enfant dans les bras, accourir dès les premiers pleurs, ne jamais permettre aux étrangers de prendre l'enfant, éviter de sortir en couple pour ne pas avoir à faire garder le bébé...)

Il en va de même avec les **explorateurs**. Certaines attitudes sont protectrices (par exemple, fermer à clé les armoires où se trouvent des produits dangereux, ne jamais perdre de vue l'enfant à l'extérieur de la maison, aller chez le médecin lorsque l'enfant se plaint d'avoir mal) et d'autres sont surprotectrices (répondre aux besoins avant que l'enfant ne les exprime, interdire à l'enfant de grimper, fermer à clé toutes les armoires...).

Permettre au **décideur** de passer ses nuits dans votre lit, lui donner ce qu'il veut pour éviter une crise ou l'habiller le matin, tout cela relève de la surprotection. Par contre, on le protège en l'amenant dans un endroit tranquille lorsqu'il est en crise, en lui tenant la main pour traverser la rue et en le surveillant lorsqu'on va au parc avec lui.

Dans le cas des **magiciens**, certaines attitudes relèvent de la surprotection (par exemple, se coucher avec l'enfant pour l'endormir, l'obliger à tout manger de peur qu'il manque de vitamines, refuser qu'il aille chez ses amis, ne pas lui donner de petites tâches à faire dans la maison), mais d'autres servent vraiment à protéger l'enfant (exiger qu'il avertisse s'il va jouer dans la cour d'un ami, consulter s'il présente un retard de langage ou de motricité, bercer l'enfant, lui faire un massage ou lui raconter une histoire...).

Il importe de s'interroger sur nos attitudes parentales afin de ne pas surprotéger nos enfants. De nombreuses recherches démontrent qu'il existe un lien étroit entre la surprotection exercée par les parents et une faible estime de soi chez l'enfant. Il est évident, cependant, que les enfants négligés et mal protégés ont eux aussi une faible estime de soi. Tout est question d'équilibre.

Enfin, soulignons que des recherches ont montré que les petits enfants qui se sentent sécurisés dans leurs relations avec leurs parents sont plus indépendants, réagissent mieux aux séparations et ont une plus grande estime d'eux-mêmes lorsqu'ils entrent à l'école.

SAVIEZ-VOUS QUE...

- La confiance se développe grâce à une relation d'attachement.
- Les petits enfants ont besoin de stabilité.
- Les bébés ont besoin de routine.
- Les explorateurs ont besoin de fouiller.
- Les décideurs ont à faire des choix.
- Les magiciens ont besoin de leurs parents et de leurs amis.

- Les frustrations sont nécessaires à la motivation des enfants.
- Les petits enfants qui vivent un sentiment de sécurité sont plus autonomes à l'école.
- Les parents, pour établir un lien d'attachement avec leur enfant, doivent être dans sa vie de façon régulière et constante.

? Demandez-vous si vos attitudes permettent à votre enfant de développer sa confiance et de se sentir en sécurité.

Est-ce que…

- je connais les besoins de mon enfant ?
- je cherche à les combler ?
- je suis à l'écoute de mon enfant ?
- je décode ses façons de s'exprimer ?
- j'ai établi des routines stables ?
- je passe beaucoup de temps avec mon enfant ?
- je limite les changements qu'il aura à vivre ?
- je respecte son rythme ?
- je m'assure que mon enfant connaît clairement mes règles ?
- je l'encourage à respecter ces règles ?
- j'établis une discipline qui tient compte de mon enfant ?
- je lui fais confiance ?
- je protège mon enfant sans le surprotéger ?

Chapitre 2

Je suis aimable

▼

Pour se sentir aimable, il faut avoir été aimé. Mais cela ne suffit pas. Il faut aussi avoir intégré cet amour, l'avoir fait sien.

Lorsqu'on demande à un enfant pourquoi il pense qu'on l'aime, il y a de bonnes chances qu'il réponde à peu près de la façon suivante :

« Je sais que maman m'aime parce qu'elle me le dit tout le temps. »

« Papa, il m'aime..., il m'a acheté le cadeau que j'attendais à ma fête ! »

« Grand-maman m'aime parce qu'elle ne crie jamais après moi. »

« Je sais que mon éducatrice m'aime parce qu'elle est gentille avec moi. »

Les enfants sont concrets et l'amour est pour eux quelque chose de visible et de palpable. Un tout-petit ressent tout, voit tout et entend tout. Il pense qu'on l'aime lorsqu'on est là pour lui et lorsqu'on fait des choses avec lui. À l'inverse, il ne se sent pas aimé lorsqu'on le dispute ou lorsqu'on lui refuse quelque chose.

De nombreux parents ne peuvent tout simplement pas tolérer que leur enfant se sente mal aimé et ils sont prêts à presque tout pour éviter que cela se produise. Ces parents ont souvent été des enfants mal aimés eux-mêmes ; ils cherchent maintenant à réparer leur passé et ils ne supportent pas que leur enfant soit fâché contre eux ou qu'il ne les aime plus, même temporairement.

Les paroles et les gestes des parents représentent pour les jeunes enfants la vérité avec un grand V. Car le tout-petit n'a la capacité intellectuelle de porter un jugement ni sur les autres ni sur lui-même. Il se fait d'abord une idée de sa valeur en s'appuyant sur la façon dont ses parents le traitent; plus tard s'ajouteront les jugements des autres adultes et ceux des amis.

Il est d'une extrême importance de développer le sentiment de sa valeur propre. Mais ce sentiment doit être réaliste. Les parents qui croient donner confiance à leur enfant en lui disant constamment qu'il est merveilleux et extraordinaire ne lui rendent pas service. Un jour ou l'autre, l'enfant fera face à des difficultés et à ses limites, et il sera d'autant plus démuni pour le faire. Il est important de souligner à l'enfant sa beauté et sa gentillesse, mais il faut aussi lui faire part des traits de son caractère qu'il doit améliorer et des difficultés auxquelles il doit faire face. Il est possible de le faire tout en préservant son estime de soi.

Mon enfant se sent aimé et accepté

De l'enfant rêvé à l'enfant réel

Lorsqu'on attend un bébé, on l'imagine et, bien sûr, il ne peut être que beau, intelligent et gentil. On lui attribue toutes les qualités du père et de la mère mais aucun de leurs défauts.

Tout en rêvant d'un enfant merveilleux, on ne peut toutefois empêcher le doute et l'anxiété de venir nous tenailler.

Dans ces moments-là, on espère que l'enfant sera tout simplement en santé.

Lorsque l'enfant paraît, les parents apprivoisent tranquillement le bébé réel et font le deuil de celui dont ils avaient rêvé. Cela n'est pas toujours facile. Certains s'accrochent à leur rêve et veulent à tout prix que leur petit ressemble à ce qu'ils espéraient. Dans ce cas, il y a danger que l'enfant ne se sente jamais à la hauteur. Il y a d'autres parents qui agissent comme si leur bébé était effectivement la perfection incarnée et ils sont surpris lorsqu'il commence à affirmer son individualité. Il y a ici le risque que cet enfant ne se sente pas le droit d'être lui-même. Enfin, d'autres parents sont si déçus devant l'enfant réel qu'ils ont de la difficulté à l'accepter ; cet enfant se verra toujours comme un être incomplet. Il convient donc de se demander en quoi son enfant ressemble ou diffère de l'enfant rêvé et si on accepte son enfant tel qu'il est.

Les parents qui acceptent de voir leur enfant avec ses forces et ses limites lui rendent un immense service. En effet, ils l'aident à se construire une certitude intérieure, celle d'être quelqu'un de bien, quelqu'un qui travaille activement à s'améliorer.

Les parents ne sont jamais objectifs lorsqu'ils décrivent leur enfant et cela est tout à fait normal. Lorsqu'on aime, on est hautement subjectif. Heureusement d'ailleurs que les parents sont amoureux de leur enfant, car il faut beaucoup d'amour pour le surveiller, l'encourager et lui imposer des limites. Il faut aussi beaucoup de patience mais cela, c'est une autre histoire !

J'apprends à aimer mon enfant sous toutes ses facettes

Notre éducation nous amène à valoriser certaines qualités. Mais cela ne doit pas nous empêcher de voir les autres facettes d'une personnalité. Ainsi, si nous voulons que l'enfant se sente aimé globalement, nous devons chercher à l'apprécier dans toutes ses dimensions (beauté, intelligence, gentillesse, créativité, sociabilité, habileté physique, générosité...).

Le profil d'un bébé ne peut pas être celui d'un explorateur et celui d'un décideur ne correspond pas à celui d'un magicien. Les enfants développent leurs habiletés physiques, intellectuelles, affectives et sociales de façon graduelle et régulière. Ce développement se fait en dents de scie et les régressions temporaires sont tout à fait normales.

Lorsqu'on veut déterminer le profil de son enfant et découvrir ses principales forces et faiblesses, on s'interroge sur ce qu'il est :

- *sur le plan physique* (beauté du visage, harmonie du corps, habiletés physiques, curiosité en action, motricité fine, motricité globale, souplesse, expressivité) ;
- *sur le plan intellectuel* (curiosité, désir d'apprendre, capacité de concentration et d'attention, goût de s'exprimer, d'écouter, de faire des raisonnements logiques, de jouer) ;
- *sur le plan affectif* (gentillesse, capacité de sourire, de rire, de s'affirmer, de persévérer dans ses demandes, de séduire, d'inventer des histoires, d'être affectueux) ;
- *sur le plan social* (intérêt pour les autres, élan vers les autres, confiance en soi en présence de l'autre, désir de partager et de communiquer, capacité de s'éloigner des parents, d'écouter, d'organiser, de tolérer la frustration).

Il est également important de reconnaître que chaque enfant a un tempérament unique. Les parents ont beaucoup d'influence sur leur enfant, mais ils ne doivent pas minimiser l'importance du tempérament inné. Cela ne signifie pas qu'il est inutile de chercher à éduquer l'enfant. Au contraire, car les parents jouent un rôle indispensable de guides; ils peuvent aider l'enfant à donner le meilleur de lui-même.

Selon des chercheurs, on peut distinguer trois types de tempérament : facile, lent et difficile. Chaque enfant est une sorte de mélange des trois, car il est unique. Un bébé qui a un tempérament difficile demande beaucoup d'attention, mais il peut devenir un enfant dynamique et décidé. Celui qui a un tempérament lent peut être exaspérant, mais il peut devenir un enfant calme et réfléchi. Quant à celui qui a un tempérament facile, il peut passer un peu inaperçu si on n'y prend garde.

Il ne faut pas oublier que les parents ont eux aussi un tempérament. Un parent qui est lent aura plus de difficulté à accepter un enfant agité ou irrégulier. Un parent distrait, qui manque de concentration, sera comblé par un enfant facile et qui s'adapte aisément aux changements. Un parent calme et qui aime bien la nouveauté aura de la difficulté à vivre avec un bébé nerveux qui a besoin de stabilité.

Une personne s'épanouit en misant sur ses forces et non sur ses faiblesses. Si vous désirez développer l'estime de soi de votre enfant, vous devez prendre conscience de ses forces et de ses faiblesses physiques, intellectuelles, sociales et personnelles. Tout être humain a des forces et des faiblesses. Avoir une bonne estime de soi, c'est aussi reconnaître ses faiblesses et travailler à s'améliorer.

S'il est possible de déterminer les forces et les faiblesses d'un enfant à un moment donné, il faut quand même garder en tête que celui-ci est continuellement en développement et que rien ne permet de prédire ce qu'il sera demain ou ce qu'il deviendra dans un avenir lointain.

Autrement dit, les parents doivent cultiver l'espoir, les enfants sont capables de changement, rien n'est figé à jamais.

Je montre mon amour à mon enfant

Chacun exprime son amour à sa façon. Cela vient de l'enfance, mais aussi de la conception qu'on se fait du parent idéal. L'important est de se rappeler que l'enfant, pour se sentir aimé, a besoin de caresses, de baisers, de petits « spéciaux » (surprises, privilèges), de mots doux, de moments de plaisir et de rire, d'une présence agréable. Peu importe la façon d'aimer, les parents doivent DIRE leur amour et AGIR en conséquence.

PISTE DE RÉFLEXION

Réfléchissez aux façons que vous avez de montrer, en paroles et en actions, votre amour à votre enfant (bébé, explorateur, décideur ou magicien).

Je montre à mon enfant que je l'accepte

Accepter son enfant, c'est accueillir autant ses faiblesses que ses forces. Mais cela ne signifie pas qu'on reste passif face à ses défauts. Au contraire, il faut agir par rapport à eux. Cela montre à l'enfant qu'on l'aime véritablement, même si on n'aime pas certains de ses comportements.

Certaines attitudes permettent au **bébé** de se sentir pleinement accepté : il faut lui fournir des routines claires, quels que soient ses comportements, lui donner des caresses et des baisers, lui fournir des occasions de voir et de toucher à plusieurs choses, lui parler beaucoup et le bercer lorsqu'il est épuisé.

Il en va de même avec l'**explorateur**: pour se sentir accepté, il a besoin qu'on lui permette de fouiller en toute sécurité, qu'on lui chante des chansons et qu'on lui parle, qu'on lui donne des aliments variés, qu'on le fasse marcher en le laissant s'agripper à notre main et qu'on lui fournisse des stimulations variées.

Quant au **décideur**, les attitudes suivantes l'aident à se sentir accepté: lui dire qu'il est capable, lui laisser faire le choix, de temps à autre, entre deux choses, adapter le temps du magasinage à sa capacité de tolérer la frustration, accepter qu'il dise non de temps à autre, le distraire lorsqu'il commence une crise, lui laisser le temps de s'expliquer.

Voici maintenant quelques attitudes au nombre de celles qui permettent à un **magicien** de se sentir accepté: lui fournir des jouets variés, des jeux symboliques (une épée, une poupée), l'écouter raconter ses fabulations, l'encourager à jouer à l'extérieur tous les jours, l'encourager à se faire des amis, réaliser et accepter le fait qu'il nous manipule de temps à autre, l'envoyer dans sa chambre lorsqu'il a dépassé les bornes, reconnaître ses peurs au moment du coucher.

Pour sentir qu'il est accepté, un enfant a besoin qu'on le reconnaisse comme un tout, avec ses forces, ses faiblesses, ses sentiments, son rythme et son niveau de développement; qu'on reconnaisse sa personnalité, qu'on valide ses idées et ses émotions, qu'on le structure et l'encourage.

Mon enfant apprend à se connaître et à s'aimer

L'estime de soi, c'est la conscience de sa valeur. Un enfant apprend à se connaître et à s'aimer essentiellement par les feed-back (rétroactions) qu'il reçoit de son entourage:

- si maman lui dit souvent qu'il a un beau sourire, il grandira en se percevant comme quelqu'un de souriant;

- si sa gardienne lui dit souvent qu'il parle mal, il grandira en se disant qu'il ne sait pas communiquer;
- si papa le félicite lorsqu'il s'améliore à bicyclette, il grandira en se disant qu'il est habile;
- si son grand-père le dispute à chaque fois qu'il grimpe quelque part, il grandira en se disant qu'il n'est pas gentil.

La perception de soi d'un enfant dépend davantage de la façon dont ses parents réagissent que des succès réels qu'il connaît. C'est ainsi que des enfants se trouvent « bons » alors que leurs résultats sont moyens tandis que d'autres qui sont très « performants » manquent de confiance en eux.

J'aide mon enfant à se connaître

Même si vous aimez votre enfant et même si vous reconnaissez ses forces et acceptez ses faiblesses, il faut faire un peu plus pour qu'il apprenne à se connaître.

La conscience de soi et la certitude d'être un individu à part entière se développent graduellement. Par exemple, la reconnaissance de soi dans un miroir arrive entre 9 et 12 mois. L'enfant peut se distinguer des autres sur les photos entre 15 et 18 mois et il acquiert la certitude d'être un garçon ou une fille vers 20 mois. L'enfant dira « je » en parlant de lui vers l'âge de 3 ans.

Tout se passe comme si, à la naissance, le bébé ne faisait pas encore la différence entre lui et sa mère. Notons que cela est tout à fait normal après neuf mois de symbiose. Puis, la réalité l'oblige à se rendre compte qu'il est différent et qu'il a quelque chose à faire pour qu'on satisfasse ses besoins : il doit pleurer pour obtenir le sein ou le biberon, crier ou sourire pour qu'on s'occupe de lui, ou gigoter pour qu'on se rende compte qu'il est inconfortablement installé.

« Tiens, tiens, semble-t-il se dire, je suis quelqu'un de différent de ma mère ! Et puis, il y a autour de nous un monsieur qui s'occupe de moi et qui me fait bien rire ; il paraît que c'est mon père ! Il y a aussi d'autres frimousses qui viennent à l'occasion me faire des grimaces ou me donner des baisers ; ce sont mes frères et mes sœurs à ce qu'on me dit. »

Au fil du temps, les capacités du **bébé** se développent et s'affinent. L'**explorateur** découvre qu'il peut ramper, puis marcher, et il acquiert ainsi le sentiment de pouvoir faire des choses par lui-même, de sa propre volonté.

« Tiens, je suis différent de maman puisqu'elle me regarde avec des yeux remplis d'effroi lorsque je tire très fort sur la nappe et puisque je peux faire courir papa comme un champion lorsque je fais mine de me diriger vers l'escalier. »

Le **décideur**, pour sa part, exercera de façon intense son pouvoir de décision et il se rendra compte qu'il est quelqu'un de très spécial.

« Tiens, mes parents suent à grosses gouttes lorsque je refuse de lâcher le bonbon que j'ai attrapé au magasin et que je me mets à hurler à pleins poumons. Tiens, ils ne peuvent vraiment rien contre moi lorsque je décide de faire mon caca dans un coin du salon. »

Quant au **magicien**, il découvre tout le pouvoir que lui confère le fait d'être un garçon ou une fille. Il exercera ce pouvoir de séduction et de manipulation auprès du parent du sexe opposé. De plus, entrant dans le monde de l'imaginaire, il inventera des histoires aussi bien dans la vraie vie qu'en jouant.

« Tiens, je peux dire que c'est mon petit frère qui a fait tomber la lampe. Mes parents ne peuvent pas toujours lire dans ma tête. Je suis quelqu'un de spécial pour papa puisqu'il accepte toujours de me lire une seconde histoire. »

Les parents peuvent aider l'enfant à se connaître :

- en le traitant comme une personne à part entière ;
- en lui parlant de ses forces, de ses qualités et de ses défauts ;
- en lui permettant de s'identifier à eux ;
- en validant ses émotions ;
- en soulignant qu'il grandit et qu'il deviendra de plus en plus habile en vieillissant.

Pour aider l'enfant à se connaître, il importe de lui donner du feed-back positif (le féliciter, le cajoler, l'encourager, le récompenser). Quant au feed-back négatif (le critiquer, l'accuser), il ne fait pas avancer l'enfant. On doit lui indiquer ses difficultés, mais toujours en ménageant son amour-propre.

De plus, il faut éviter de souligner négativement les comportements ou les attitudes qui sont liés au développement. Par exemple :

- chez les bébés : pleurer, crier, demander de l'attention, etc. ;
- chez les explorateurs : fouiller, mal prononcer des mots, toucher à tout, etc. ;
- chez les décideurs : dire « non », vouloir tout décider, crier, etc. ;
- chez les magiciens : fabuler, inventer, jouer avec un fusil, etc.

Cela ne signifie pas que vous allez tout accepter de votre enfant, mais cela veut dire que vous reconnaissez qu'il traverse une étape spécifique de son développement. Guidez-le alors dans la recherche de solutions acceptables.

La plupart du temps, les comportements de l'enfant qui nous irritent sont liés à la fois à son caractère (il est agité, il ne porte pas attention, il est lent) et à nos caractéristiques personnelles (notre caractère, nos expériences passées, notre compréhension du problème). Il faut apprendre à faire la part des choses ; cela nous permet de nuancer nos jugements et, par le fait même, d'être moins négatifs dans nos feed-back.

Demandez-vous comment vous réagissez aux difficultés de votre enfant ou, à tout le moins, à ce que vous estimez être des difficultés.

Est-ce que…

1- je feins d'ignorer (je quitte la pièce, je le laisse pleurer, je fais la sourde oreille) ?
2- je crie et je frappe (vas-tu me laisser tranquille, ôte-toi de là) ?
3- je dispute (je t'ai dit de ne pas toucher à la plante, je ne veux pas que tu...) ?
4- je souligne la chose (tu chiales toujours, encore une fois tu m'as désobéis...) ?
5- je décris ce qui se passe (je me rends compte que tu pleures à chaque fois que je change de pièce, je vois bien que cela te met en colère...) ?
6- j'accuse (tu es méchante avec moi, tu ne fais jamais rien de bien) ?
7- je réagis en faisant ou en disant quelque chose (je prends l'enfant et je l'emmène dans une autre pièce, je suggère une activité de jeu...) ?
8- je reflète ses sentiments (tu sembles très en colère contre ton petit frère, je pense que cela te fait beaucoup de peine que maman parte sans toi...) ?

9- je fais appel à l'humour (on dirait un petit chat enragé...) ?

10- j'explique les choses (tu sais bien que les bonbons, ce n'est pas bon pour les dents...) ?

Toutes ces façons de donner du feed-back, en rapport avec une difficulté, permettent à l'enfant de se connaître davantage, mais elles n'ont pas toutes la même résonance. Certaines favorisent l'estime de soi de l'enfant (5, 7 et 9), d'autres en tiennent peu compte (1, 3, 9, 10) alors qu'il y en a qui nuisent carrément à la construction d'une image positive (2, 4, 6).

Les jeunes enfants ne comprennent pas les longues explications. Ils ne saisissent pas facilement l'humour et peuvent même l'interpréter comme une critique négative. Ils reçoivent tout ce qu'on leur dit et tout ce qu'on leur fait au premier degré, directement, sans censure ni autocritique.

J'aide mon enfant à s'aimer

Voici cinq questions importantes à se poser pour vraiment savoir si on aide son enfant à s'aimer.

1) Est-ce que j'aide mon enfant à être fier de son sexe ?

L'identité sexuelle est centrale dans le développement d'une bonne estime de soi. Comment être bien dans sa peau si on n'aime pas être un garçon ou être une fille ? Cela est tout simplement impossible.

Dans notre société où la définition des rôles sexuels est en constante évolution, où les femmes se sentent débordées et incomprises, et où les hommes s'estiment dépassés et eux aussi incompris, ce n'est pas une mince affaire que d'aider les enfants à définir leur identité sexuelle.

Nier les différences entre filles et garçons n'est pas une solution viable. De nombreuses recherches mettent en évidence certaines différences innées entre les deux sexes et d'autres différences apprises socialement. Il est difficile de s'y retrouver, mais chose certaine, votre petite fille et votre petit garçon ont le droit d'être acceptés comme ils sont, avec leurs différences, et chacun d'eux doit être valorisé dans sa féminité ou dans sa masculinité.

Si vous voulez aider votre enfant à aimer son sexe et à éprouver de la fierté, commencez d'abord et avant tout par clarifier votre perception des femmes et des hommes, mettez l'accent sur les points forts de chacun et faites-en part à votre enfant.

2) Est-ce que j'aide mon enfant à reconnaître ses émotions et à les accepter ?

La peine, la colère, la honte, la joie, l'enthousiasme, l'anxiété et la peur sont des émotions qui seront vécues tout au long de la vie. Les parents préféreraient peut-être que leur enfant n'éprouve que des émotions positives, mais cela est évidemment impossible. De toute façon, cela nuirait à son développement; en effet, comment affronter les vicissitudes de la vie si on n'a pas appris à faire face à la peur et à la colère ?

Les bébés réagissent fortement aux émotions de leurs parents. Il n'y a pas meilleur baromètre des émotions qu'eux. De plus, ils arrivent rapidement à imiter les expressions faciales et verbales qui sont liées aux émotions. Ils apprennent d'abord en imitant leurs parents, même si on peut dire aussi qu'ils éprouvent dès la naissance des émotions de façon indépendante.

Il est important de valider ou d'accepter les émotions que les jeunes enfants ressentent (joie, peine, colère, peur, anxiété, plaisir...) afin que ceux-ci soient en accord avec cette dimension essentielle de leur humanité. Cette acceptation ou validation parentale se fait :

- en réagissant rapidement (consoler, protéger, rire avec lui) ;
- en verbalisant son émotion (je vois que tu es triste/ça te met en colère/ça te fait plaisir) ;
- en encourageant l'expression de ses sentiments (tu as le droit de ne pas être content/tu peux rire/c'est vrai que c'est drôle) ;
- en donnant des mots à l'enfant pour qu'il dise son émotion (tu peux dire « non » ; dis-le que tu as peur du chien) ;
- en acceptant l'émotion, même si vous n'acceptez pas le comportement (même si tu es fâché, je ne veux pas que tu frappes ton amie ; même si tu es excitée, je n'aime pas que tu sautes partout).

3) Est-ce que j'aide mon enfant à identifier ses qualités ?

En faisant part régulièrement à l'enfant des qualités qu'on lui reconnaît, on l'aide à prendre conscience de sa valeur et à identifier lui-même ses qualités. Il faut noter, toutefois, que ce n'est pas avant 7 ou 8 ans qu'il pourra s'observer véritablement et porter un jugement concret et logique sur lui-même.

Il vous est possible de soutenir ce processus d'identification :

- en lui demandant de faire de petits choix (tu veux tes carottes crues ou cuites ? une douche ou un bain ?) ;
- en lui demandant de dire ce qu'il veut, ce qu'il désire, ce qu'il n'aime pas ;
- en prêtant attention à ses réponses même si elles sont parfois surprenantes ;

- en lui demandant, vers l'âge de 4 ou 5 ans, de décrire ce qu'il dessine, son jeu ou ses sentiments;
- en lui demandant son avis (préfères-tu le rouge ou le vert ? trouves-tu que c'est un beau dessin ? as-tu été gentil avec la gardienne ?) Peu importe ici que l'enfant dise ou non la vérité; l'important est qu'il se sente concerné personnellement par la question et qu'il apprenne à valoriser ses goûts, ses opinions et ses jugements.

PETIT JEU DESTINÉ AUX ENFANTS D'AU MOINS 3 ANS POUR QU'ILS APPRENNENT À IDENTIFIER LEURS QUALITÉS

- Choisissez des animaux de toutes sortes parmi les « toutous » et les jouets de l'enfant;
- présentez-lui un animal à la fois;
- imitez le comportement de l'animal et demandez à l'enfant d'en faire autant : cri, démarche, etc.
- soulignez les qualités de cet animal (il est fort, il est rapide, etc.) et demandez à l'enfant de vous aider à le faire;
- recommencez avec d'autres animaux (si votre enfant est fatigué, arrêtez le jeu);
- par la suite, demandez-lui de choisir son animal préféré, de mimer ou de jouer à être cet animal;
- parlez-lui en le comparant à des animaux : aussi fort que l'ours, aussi rapide que la gazelle, aussi beau que l'oiseau, aussi solide que l'éléphant, etc.

N'oubliez jamais que les enfants sont concrets et qu'il vaut mieux que la parole s'accompagne d'exemples.

4) Est-ce que j'aide mon enfant à s'aimer lorsqu'il fait face à des difficultés ?

Notre façon de réagir aux obstacles que rencontre l'enfant peut avoir une influence directe sur son estime de soi. De plus, l'enfant peut avoir plus ou moins de difficulté à accepter le fait qu'il se trompe ou qu'il fasse des erreurs.

Certains enfants n'agissent que lorsqu'ils sont certains de réussir. Par exemple, il y en a qui ne parlent que lorsqu'ils ont emmagasiné tout un bagage de mots ; d'autres n'acceptent de prendre leur tricycle que lorsqu'ils sont convaincus d'être capables de pédaler. Ces enfants-là n'acceptent pas facilement d'être pris en défaut. Nous verrons, au chapitre suivant, comment les aider à obtenir du succès. Pour l'instant, on peut rapidement voir comment des parents peuvent aider leur enfant à s'aimer malgré ses imperfections.

Il faut d'abord que les parents acceptent leur enfant tel qu'il est. Il se peut qu'il ait un défaut physique, qu'il soit trop maigre ou trop gros, qu'il parle peu, qu'il ne soit pas habile dans les activités physiques, qu'il soit gêné ou colérique, etc. Peu importe, il est primordial d'accepter les difficultés réelles, même si certaines nous touchent plus particulièrement que d'autres, et surtout si on se rappelle avoir vécu les mêmes dans son enfance.

Ce n'est pas une mince affaire que d'accepter que notre enfant ne soit pas parfait. Plus les parents se sentent impuissants à aider leur enfant à résoudre ses problèmes, moins ils sont capables d'accepter ses difficultés.

Nous parlons ici de difficultés et non de limites réelles. Celles-ci sont rares. Il s'agit des :

- handicaps physiques (paralysie, cécité, etc.);
- handicaps intellectuels (déficience, etc.);

- limites liées au développement (un enfant ne peut pas marcher à cinq ans, etc.);
- limites liées à l'environnement (pauvreté, isolement social, etc.).

Tout le reste est du domaine des difficultés et peut donc faire l'objet d'un travail. Mais il importe de toujours demeurer réaliste en ce domaine comme il est important, pour que l'enfant demeure optimiste, qu'il comprenne que sa difficulté peut être temporaire, spécifique, et qu'il est capable de progresser.

5) Est-ce que j'aide mon enfant à se projeter positivement dans l'avenir ?

Connaissez-vous l'effet Pygmalion ? Dans la mythologie grecque, Pygmalion sculpta une belle femme en ivoire et en tomba amoureux. On parle depuis de l'effet Pygmalion lorsqu'une personne se sent obligée de correspondre à l'image qu'on se fait d'elle.

Ainsi, si on prédit qu'un enfant aura de la difficulté à la garderie et si on aborde souvent ce sujet devant lui, il y a des chances que cela se réalise. En fait, tout se passe comme si notre peur et notre conviction étaient transmises à l'enfant et que ce dernier n'avait pas d'autre choix que de s'y conformer.

Il y a là matière à réflexion. Lorsqu'on parle à son enfant de son avenir, on doit le faire avec optimisme. Lorsqu'on s'exprime devant lui, on doit mettre l'accent sur ses forces qui, lui fait-on remarquer, vont l'aider à faire face à ses difficultés.

Comme parents, vous avez vos inquiétudes qui sont parfois justifiées et qui parfois ne le sont pas. Lorsque vous parlez de vos craintes, mentionnez en même temps une ou deux solutions possibles.

EXEMPLES D'HABITUDES VERBALES À DÉVELOPPER CHEZ VOTRE ENFANT

Affirmations positives	Affirmations neutres	Affirmations négatives
Je suis capable.	Comment on fait ça ?	Pas capable.
Je vais chez mon ami, ça va être super !	J'aime ça jouer avec lui.	Peut-être que mon ami ne voudra pas jouer avec moi ?
Je suis bonne au ballon.	J'ai un beau ballon.	Je suis nulle au ballon.
Maman, regarde comme je suis bon en tricycle.	Maman, regarde, je suis tout en haut de l'arbre.	Maman, je ne veux plus faire de tricycle, je tombe tout le temps.
C'est moi qui vais le faire, tu l'as promis.	Veux-tu me laisser passer en premier ?	Papa, veux-tu le faire pour moi, c'est trop difficile.

Encouragez votre enfant à parler de lui en termes positifs et à s'affirmer positivement. Acceptez les affirmations neutres, mais réagissez lorsque les affirmations sont négatives, car il s'agit là de jugements d'incompétence. Pleurer, être fâché, être déçu, avoir honte ou se sentir inquiet.... et le dire, ce n'est pas s'affirmer négativement. C'est s'exprimer avec sincérité.

SAVIEZ-VOUS QUE...

- Pour se sentir aimable, il faut se sentir aimé.
- Les petits enfants sont incapables de remettre en question leurs parents.
- L'amour-propre est un sentiment très important dans la vie.
- Les paroles des parents ont une grande influence sur leurs petits enfants.
- Il est possible d'aider les tout-petits à distinguer leurs pensées de leurs émotions.
- Les parents doivent souligner les forces de leur enfant.
- Un petit enfant ignore qu'on l'aime si on ne le lui montre pas souvent.
- Il faut faire connaître à l'enfant ses difficultés, mais sans l'accuser ou le déprécier.
- Les petits enfants ne font pas la distinction entre les paroles et les gestes de leurs parents.

Demandez-vous si vos attitudes permettent à votre enfant de développer une identité positive.

Est-ce que...

- je suis capable de distinguer l'enfant rêvé de l'enfant réel ?
- je connais le profil physique, intellectuel, affectif et social de mon enfant ?
- je reconnais que mon enfant a un tempérament bien à lui ?

- je reconnais ses forces dans différents domaines ?
- je lui souligne ses forces ?
- j'accepte ses faiblesses ?
- je dis à mon enfant que je l'aime ?
- je lui montre que je l'aime ?
- je lui montre que je l'accepte ?
- je donne du feed-back positif à mon enfant ?
- je lui parle de ses difficultés tout en ménageant son amour-propre ?
- j'aide mon enfant à reconnaître ses émotions ?
- je l'aide à identifier ses qualités ?
- je l'aide à croire que ses difficultés sont temporaires ?
- je l'aide à se sentir responsable de ses progrès ?
- je l'aide à se projeter positivement dans l'avenir ?

Chapitre 3

Je suis bien avec les autres

▼

Pour être bien avec soi-même, il faut l'être avec les autres : parents, frères et sœurs, parenté, gardiennes et amis.

Le développement social se fait par étapes, par stades, comme le développement physique, affectif, intellectuel et moral. On commence sa vie à deux et on la finit seul, après avoir agrandi peu à peu son cercle.

Le bébé commence sa vie sociale dans le ventre de sa mère dont il reconnaît la voix après quelques mois, ainsi que... celle de son père. L'enfant est déjà en relation. À deux mois, il sourit à la figure humaine. Par la suite, il exprime, par ses mimiques, toute une gamme d'émotions pour transmettre ce qu'il ressent à ceux qui l'entourent.

La famille est le premier lieu d'apprentissage social. Cela n'empêche pas que l'enfant, dès l'âge de deux ans, adore être en présence d'autres enfants et qu'à quatre ans il réclame à grands cris des amis. Car les adultes, c'est bien connu, ne jouent pas aussi bien que des enfants. Les amis deviennent si importants qu'un bon nombre d'enfants s'inventent un ami imaginaire.

Pour développer une bonne image de soi, il faut se sentir accepté et aimé par les autres. Les enfants se forgent une image d'eux-mêmes en interagissant avec d'autres enfants. Les relations sociales permettent d'apprendre que certains comportements sont désirables, alors que d'autres ne le sont pas.

Avec les tout-petits, les parents ont plus d'influence que les amis. À l'âge scolaire, ils en ont autant que les amis, mais à l'adolescence, ils en ont moins que ces derniers. Il est donc impossible pour les parents de contrôler entièrement la vie sociale de leur enfant. Ils ne peuvent pas exercer de pouvoir sur les amis de la garderie ni sur les enfants du voisinage. Toutefois, ils conservent sur leur enfant une grande influence et ils sont ainsi en position de lui apprendre des stratégies pro-sociales.

L'attitude des parents envers les enfants et envers les adultes qui côtoient leur propre enfant a un effet important sur la vie sociale de ce dernier. Leur propre vie sociale influence également la mise en place d'habiletés sociales.

Mon enfant a besoin de vivre des relations variées

La variété dans la stabilité

Les petits enfants ont besoin d'établir quelques relations très stables. Cela leur permet de développer un sentiment de confiance, comme nous l'avons vu dans le premier chapitre. Toutefois, ils ont aussi besoin d'établir très tôt des relations variées.

De nos jours, près la moitié des enfants sont des enfants uniques. Il est d'autant plus important que les parents favorisent leur vie sociale. Les centres de la petite enfance, les garderies, les pré-maternelles et les centres mères-enfants sont des lieux propices à l'apprentissage de la vie en groupe.

L'expérience nous apprend qu'il y a deux catégories d'enfants qui éprouvent de la difficulté à être en groupe :

les enfants anxieux et qui manquent de sécurité, ainsi que les enfants impulsifs et agités. Ces enfants ont d'autant plus besoin de vivre des relations en dehors de la sphère familiale.

Les attitudes pro-sociales

Plus l'enfant est petit, plus les parents sont inquiets. Le **bébé** a besoin de beaucoup de protection, car il ne peut pas se défendre seul. Quant à l'**explorateur**, il faut également qu'on le protège car il est très envahissant, mais sans oublier les autres. Le **décideur**, pour sa part, a besoin d'apprendre à gérer son impulsivité et à se contrôler en groupe. Enfin, le **magicien** est un ami intéressant, car il entre dans le monde de l'imaginaire. Il a un grand appétit de communication, et il désire jouer et inventer.

Il est important de faire en sorte que le petit enfant soit en contact avec toutes sortes de personnes : la famille élargie, des amis, des parents, des étrangers, des enfants du voisinage, des cousins et cousines, des enfants étrangers, etc.

L'enfant peut être de trois types : 1) timide, 2) de contact facile ou 3) trop spontané. Cela est dû en partie à son code génétique, en partie au processus d'imitation des façons de faire de ses parents et en partie aussi à des expériences antérieures (traumatisme, hospitalisations, peurs, etc.).

AFIN DE FAVORISER LA VIE SOCIALE DE SON ENFANT, CHAQUE PARENT A INTÉRÊT À OBSERVER SA PROPRE VIE SOCIALE :

- avec sa famille (parents, frères et sœurs) ;
- avec ses enfants ;
- avec son conjoint ou sa conjointe ;

- au travail;
- avec ses amis;
- avec d'autres personnes ou dans d'autres lieux (au comité d'école, dans les sports, etc.).

Si vous parlez de votre vie sociale, de vos amis ou de votre parenté de façon positive, si vous prévoyez que la prochaine fin de semaine en famille sera agréable ou si vous préparez une soirée de danse avec enthousiasme, vos enfants désireront aller vers les autres et ils anticiperont ces occasions avec plaisir.

Par contre, si vous critiquez toujours vos collègues de travail, si vous êtes de mauvaise humeur chaque fois que quelqu'un annonce sa visite ou si vous fuyez toutes les occasions de sortir, vos enfants apprendront à se méfier des relations et à les fuir.

Il ne s'agit pas de vous transformer du tout au tout, mais simplement de penser à l'influence que vos attitudes ont sur la vie sociale de vos enfants. Même les petits bébés comprennent le langage non verbal !

Mon enfant a besoin de développer sa confiance en ses capacités sociales

Le premier groupe social est celui de la famille. Que l'enfant fasse partie d'une famille traditionnelle, monoparentale ou recomposée, il a le droit de vivre des relations chaleureuses.

L'enfant qui a des relations agréables au sein de sa famille est naturellement porté à croire que les autres adultes et que les autres enfants aiment être avec lui. De la même façon, il estime qu'il possède ce qu'il faut pour se faire aimer et apprécier.

Des relations familiales étroites

À notre époque, les deux parents travaillent à l'extérieur ou sont susceptibles de le faire. Ils sont très occupés, en particulier les mères. À cet égard, des recherches ont montré que, partout dans le monde, les femmes travaillent un plus grand nombre d'heures que les hommes (80 heures comparativement à 50 heures). Ce sont les femmes travaillant à l'extérieur du foyer qui battent tous les records : 90 heures de travail en moyenne ! La fatigue et la tension sont donc au rendez-vous.

Quant aux pères, on les sollicite de plus en plus pour qu'ils participent aux tâches ménagères et aux soins à donner aux enfants. C'est une excellente chose, car les recherches ont démontré que les pères qui prennent soin physiquement de leurs bébés sont plus attachés à leurs enfants et qu'ils sont plus susceptibles d'être présents tout au long de leur éducation, quoiqu'il advienne de la famille.

En fait, les parents sont aujourd'hui très conscients du rôle qu'ils ont à jouer ; et ils se sentent souvent coupables, car il y a toujours un écart entre la famille idéale et la famille réelle. On peut dire, de façon générale, qu'il est possible de vivre des relations familiales étroites dans le contexte social actuel.

Demandez-vous si, avec votre enfant, vous consacrez assez de temps :

- à lui donner des soins physiques (bain, etc.) ;
- à jouer avec lui ;
- à parler avec lui ;
- à le superviser (dans ses jeux, dans ses apprentissages) ;
- à l'intégrer à vos activités (cuisine, menuiserie, etc.) ;

- à réagir à ses comportements déviants;
- à le protéger (installer une barrière, lui tenir la main, etc.).

Chaque jour, prenez de 10 à 15 minutes pour jouer avec votre enfant, sans le critiquer et sans vous fâcher. Faites ce qu'il a envie de faire et dites-lui souvent que vous aimez ce temps spécial que vous passez avec lui. Être ensemble, c'est important; faire ensemble, c'est essentiel.

Chaque famille a ses propres rituels sociaux. Par exemple, une famille établit que toutes les fêtes sont l'occasion de rencontres auxquelles participe la famille élargie. Dans une autre famille, ce sont les vacances qui, chaque année, constituent une période de retrouvailles entre familles amies. Les familles ont également des rituels plus quotidiens: petite histoire avant le dodo, location d'un film le samedi soir, déjeuner spécial le dimanche, etc.

Les enfants adorent les rituels, les fêtes, les surprises, les moments spéciaux d'intimité. Cela resserre les liens et permet à chacun de sentir qu'il fait partie d'un tout.

AU SUJET DES RITUELS

Demandez-vous quels sont les rituels qui reviennent chaque année dans votre famille et ceux qui ont une base plus quotidienne. N'oubliez pas également, dans la mesure du possible et lorsque l'enfant commence à vieillir, de le faire participer à l'élaboration de ces rituels. Il se sentira davantage concerné et il développera un esprit de clan.

Des relations harmonieuses dans la fratrie

La fratrie est un lieu privilégié pour s'initier à la vie de groupe. Les chicanes entre enfants d'une même famille sont parfois bien éprouvantes pour les parents, surtout lorsque les enfants sont très jeunes. Mais la fratrie recèle également une autre réalité.

En effet, on estime que, dès l'âge de 2 ans, les enfants écoutent les signes de détresse des plus jeunes et viennent à leur rescousse plus vite que leur mère. Vers 4 ou 5 ans, les enfants passent deux fois plus de temps avec leur fratrie qu'avec leurs parents ; 30 p. 100 des échanges entre frères et sœurs sont de l'ordre de la rivalité, mais 70 p. 100 sont de l'ordre de l'attachement émotif et de la complicité.

Le **bébé**, en arrivant dans la famille, chamboule tout l'équilibre établi. Il prend beaucoup de place, attire l'attention et change les habitudes de vie de tout le monde. Il est normal que l'enfant plus vieux soit jaloux, même si vous l'avez bien préparé à la venue du bébé. Au mieux, après une régression temporaire, il décidera de devenir un troisième parent et prendra soin du bébé. Au pire, il exprimera beaucoup d'agressivité à l'égard du bébé. Dans ce dernier cas, que faut-il faire ?

Lorsque les parents font confiance à l'enfant, lorsqu'ils continuent à lui donner du temps, lorsqu'ils l'encouragent à les imiter et à « aider », celui-ci passera à l'étape de l'adaptation sociale. Mais tout cela dépend évidemment de l'âge de l'enfant, de son sexe, de son tempérament, de l'état psychologique des parents et des conditions physiques et affectives qui prévalent dans la famille à la naissance du bébé. Celui-ci devra également s'adapter à ses parents et à sa fratrie s'il en a une. Cette régulation réciproque est la base de la vie sociale.

L'**explorateur** est conscient de son « impact » sur les autres. Il s'amuse follement à prendre les objets qui traînent, à donner des « becs » ou à « tirer les cheveux ». Il exerce sa nouvelle maîtrise de la motricité.

Le **décideur** est une véritable peste pour ses frères et sœurs. Il déchire les dessins des plus vieux, fait des crises pour un rien, empêche tout le monde d'être calme à table, etc. Il faut bien reconnaître qu'il n'est pas facile à vivre.

Le **magicien** est plus sociable, mais il aime aussi être tranquille dans son monde imaginaire. Garçon ou fille, il veut imiter les plus vieux, au grand désespoir de ces derniers. Lorsqu'il n'a pas d'amis, il harcèle ses parents de même que ses frères et sœurs.

À la lumière de ces brèves descriptions, on constate qu'il est difficile de cohabiter; c'est pourquoi la vie de couple est fragile et la vie « en commune » est une grande utopie. Pour vivre en paix, chacun doit avoir son espace vital. Même si vous vivez dans un petit appartement, il est possible de réserver à chacun un espace: le tiroir d'un meuble, un coin dans le salon, etc. Procurer à chacun son espace, son territoire sacré, favorise grandement l'harmonie dans la famille.

Pour favoriser l'harmonie, il faut aussi traiter chaque enfant comme un être différent. De nombreux parents veulent tellement éviter les rivalités qu'ils établissent une justice égalitaire et sans faille. Ainsi :

- quand ils achètent un chandail à Marie, ils en achètent également un à Vincent;
- quand ils donnent une surprise à Philippe pour ses efforts à la garderie, ils le font aussi pour Sophie;
- quand ils achètent un cadeau de fête à l'un, ils en offrent un plus petit à l'autre.

C'est ainsi que les parents encouragent la rivalité sans le vouloir. La justice distributive est plus difficile à gérer. Elle a pourtant l'avantage de reconnaître que les enfants sont tous aimés pour ce qu'ils sont et en fonction de leurs besoins propres et de leurs personnalités respectives. En ce sens, les parents ont à montrer à leurs enfants qu'ils sont différents les uns des autres et, en conséquence, à les traiter différemment.

Afin de favoriser l'harmonie, il importe également d'imposer des règles de vie commune qui soient claires, afin d'éviter des comportements désagréables. En effet, on ne peut pas demander à des tout-petits de moins de 3 ou 4 ans de régler eux-mêmes leurs conflits. Ils en sont incapables. Au même titre qu'ils ne sont pas capables de penser aux autres, de réfléchir aux conséquences de leurs actes ou d'attendre longtemps.

Les tout-petits apprennent la vie en commun par imitation et par conditionnement. Ils acceptent des règles par amour pour leurs parents, par désir d'être aimés et tout simplement parce qu'ils se rendent compte que la vie est plus agréable de cette façon.

Il faut donc établir quelques règles claires et positives (par exemple, « Quand tu veux un jouet, tu le demandes »). De plus, si votre enfant a moins de 3 ans et qu'un conflit éclate dans la fratrie, intervenez, selon la situation :

- en lui changeant les idées ;
- en l'amenant dans une autre pièce;
- en lui disant votre désapprobation de façon simple et succincte (« non, je ne veux pas que tu mordes ton frère »);
- en l'isolant quelques minutes pour qu'il comprenne bien que vous désapprouvez son comportement;

- en l'ignorant et en vous occupant de l'enfant qui a été frappé ou mordu.

Plus l'enfant est jeune, et plus il importe d'agir au lieu de parler. Plus il vieillit, plus le recours à la parole est important. À l'adolescence, la discussion et l'argumentation seront vos seuls moyens d'influence possible.

Mon enfant a besoin de développer des habiletés sociales

Les façons de faire que l'enfant apprend dans sa famille lui serviront plus tard dans sa vie de groupe, que ce soit à la garderie ou avec ses amis. En vieillissant et en vivant dans des groupes plus importants, il apprendra également d'autres stratégies. Comme il entrera en contact avec des enfants dont la personnalité et les façons de vivre en groupe seront différentes des siennes, il sera initié à de nouvelles stratégies qui ne seront pas toujours du goût des parents.

AU SUJET DE L'ÉGOCENTRISME

- Les enfants sont égocentriques jusqu'à 7 ou 8 ans.
- Ils sont centrés sur leur propre point de vue et sur leurs perceptions immédiates.
- Ils ont beaucoup de difficulté à percevoir et à considérer les besoins et les points de vue des autres.
- Ils ont tendance à rendre les autres responsables de leurs erreurs.
- Ils ont de la difficulté à mettre en doute leurs opinions.

- Ils portent des jugements à partir d'un seul aspect de la réalité.
- Ils généralisent à partir d'un seul élément ou d'une seule perception. Ils sont insensibles à leurs propres contradictions.
- Ils utilisent fréquemment une seule stratégie devant une difficulté.

Comme on peut le constater, il y a bien des adultes qui sont encore égocentriques !

Des comportements à encourager

Les parents doivent aider leurs petits à développer des habiletés sociales. Cependant, il est important qu'ils comprennent et acceptent que ceux-ci ne sont pas capables de les maîtriser toutes. Il ne faut pas s'inquiéter de cette situation, car la vie est longue et les occasions d'apprendre sont nombreuses.

VOICI DES COMPORTEMENTS À ENCOURAGER CHEZ LES BÉBÉS :

- prêter attention aux personnes;
- imiter des expressions faciales;
- prêter attention quelques secondes, puis quelques minutes lorsque quelqu'un lui parle;
- être en contact avec d'autres enfants.

Il faut accepter que le bébé ait peur des étrangers vers 8 ou 9 mois. Cela signifie, dans le cours du développement, qu'il distingue bien le connu de l'inconnu, et qu'il recherche la compagnie des personnes qui le sécurisent.

VOICI DES COMPORTEMENTS À ENCOURAGER CHEZ LES EXPLORATEURS :

- chercher à se déplacer pour aller rejoindre une personne;
- faire des parties de cache-cache;
- dire certains mots pour obtenir quelque chose de l'autre;
- être en présence d'enfants;
- jouer à côté des enfants pendant quelques minutes;
- éprouver le désir de faire rire les autres ou de les faire réagir;
- imiter les bruits, les gestes et les mots des autres enfants.

VOICI DES COMPORTEMENTS À ENCOURAGER CHEZ LES DÉCIDEURS :

- s'exprimer pour obtenir des choses ou des services;
- être en présence d'enfants;
- accepter que les autres enfants prennent ses jouets;
- éprouver le désir de faire rire les autres ou de les faire réagir;
- imiter les gestes et les mots des autres, que ce soit en leur présence ou en leur absence;
- jouer en présence des autres enfants tout en gardant une distance raisonnable;
- jouer en présence des autres enfants sans les agresser pour obtenir des jouets.

VOICI DES COMPORTEMENTS À ENCOURAGER CHEZ LES MAGICIENS :

- s'exprimer pour demander des jouets ou des services;
- demander de l'aide à l'adulte pour régler certains problèmes;

- s'affirmer dans ses choix et ses désirs;
- jouer avec les autres (bien que le partage demeure difficile);
- tenir parfois compte des désirs des autres dans le choix des jeux (savoir que c'est chacun son tour);
- aller vers les autres;
- réagir aux agressions des autres;
- accepter de faire des échanges (mon camion contre ta corde à danser);
- écouter l'autre parler.

Les préalables à une vie sociale positive

La vie en groupe nécessite toutes sortes d'habiletés.

DES HABILETÉS VERBALES, DONT LA CAPACITÉ :

- d'écouter;
- de s'exprimer;
- de dire clairement ses désirs et ses goûts;
- de s'affirmer verbalement;
- d'argumenter;
- de s'expliquer.

DES HABILETÉS INTELLECTUELLES, DONT LA CAPACITÉ :

- d'observer une situation;
- de l'analyser;
- d'y réfléchir;
- de proposer des solutions;

- de faire appel à son imagination ;
- d'inventer de nouvelles solutions ;
- de voir plusieurs points de vue.

DES HABILETÉS RELATIONNELLES, DONT LA CAPACITÉ :
- de se mettre à la place des autres ;
- de faire de l'introspection ;
- d'entrer en relation avec les autres ;
- d'écouter les autres ;
- de se faire aimer ;
- de comprendre l'autre ;
- de se faire accepter ;
- de retenir son impulsivité ;
- de percevoir les émotions des autres ;
- d'exprimer ses émotions ;
- de tenir compte des autres dans ses décisions.

Chaque parent a un rôle à jouer pour aider son enfant à développer ses différentes habiletés, comme pour l'aider à décoder ses émotions. En effet, les problèmes de violence et d'intolérance sont souvent liés au fait que les enfants décodent mal les émotions des autres enfants. Ils réagissent agressivement parce qu'ils ont peur d'être agressés ou rejetés.

Comment aider son enfant à tenir compte des autres et à prendre sa place ?

Il est important de cultiver l'empathie, qui est la capacité de se mettre à la place de l'autre. C'est une attitude essentielle à la vie de groupe. Les jeunes enfants sont incapables d'empathie ;

toutefois, on peut les aider à apprendre des comportements qui tiennent compte des autres. Le jeu du « Comme si j'étais... » est utile en ce sens.

Avec les enfants de 2 et 3 ans, on peut jouer à « Comme si j'étais un animal... ». On demande à l'enfant de faire semblant d'être, par exemple, un lion en colère, un lion joyeux, etc.

Avec les enfants de 4 et 5 ans, on peut jouer à « Comme si j'étais un animal », mais aussi à « Comme si j'étais un enfant... ». On lui demande, par exemple, d'être un enfant fier ou un enfant triste ou un enfant curieux.

Chaque fois que c'est possible, on demande à l'enfant de se mettre à la place de l'autre : « Aimerais-tu ça, toi, te faire enlever ta poupée ? Comment te sentirais-tu si ton ami venait te consoler ? »

Cela n'a pas pour but de le culpabiliser, mais de lui apprendre le sens de l'empathie. On ne dit donc pas à l'enfant : « Tu es méchant, regarde comme ta petite amie a de la peine ! » On lui dit plutôt : « Comprends-tu pourquoi ta petite amie pleure ? Ça fait de la peine de se faire enlever son jouet préféré ! »

Le fait d'être empathique et de reconnaître les émotions des autres ne doit pas faire oublier qu'il est très important de prendre sa place et de s'affirmer dans un groupe. Le jeu du « Chacun son tour » est utile en ce sens.

Faites un petit jeu avec vos enfants. Achetez un sifflet et proposez un jeu de groupe : jeu de mémoire, petit casse-tête, jeu de bloc, etc. Avant de commencer, dites-leur bien que c'est au suivant de jouer, chaque fois que le sifflet retentit. Limitez le jeu à 5 ou 10 minutes, c'est déjà bien long pour des tout-petits.

Le jeu du « C'est moi qui décide » est également utile avec l'enfant de 4 ou 5 ans. Choisissez un thème parmi les suivants :

- Que fait-on aujourd'hui ?
- On va louer un film, avez-vous des idées ?
- Mon frère veut prendre mon livre d'images.
- Ma sœur pleure pour jouer avec mes amis.

Prenez le rôle secondaire (celui du parent, de la sœur, du frère, de l'ami ou de l'amie). Incitez votre enfant à dire « C'est moi qui décide », donc à s'affirmer. Observez, guidez, nommez les façons de s'affirmer sans crier ni frapper.

SAVIEZ-VOUS QUE...

- Les enfants naissent avec un tempérament plus ou moins sociable.
- Les bébés ont conscience de la présence des autres enfants à partir de 18 mois.
- Les garçons sont plus inhibés que les filles face aux étrangers.
- La vie sociale des parents influence celle de leurs enfants.
- Des liens familiaux étroits favorisent la vie sociale des petits.
- Il est tout à fait normal d'être égoïste dans la petite enfance.
- Les petits peuvent apprendre à décoder les émotions;
- Les relations dans la fratrie sont faciles la plupart du temps.
- Il est possible d'apprendre des stratégies pro-sociales à de très jeunes enfants.

Demandez-vous si vos attitudes permettent à votre enfant de développer le goût d'être bien avec les autres.

Est-ce que…

- j'encourage tout ce qui permet à mon enfant de vivre des relations significatives et stables ?
- je mets mon enfant en contact avec plusieurs personnes différentes ?
- je facilite sa vie sociale ?
- je passe du temps avec mon enfant ?
- je fais participer mon enfant à ma vie sociale, de temps en temps ?
- je parle positivement de ma vie sociale ?
- je tisse des relations étroites avec mon enfant ?
- j'organise des rituels familiaux qui resserrent mes liens avec mes enfants ?
- je donne à chacun de mes enfants un espace à lui ?
- je traite chacun de mes enfants comme quelqu'un de différent et d'unique ?
- j'établis des règles claires afin de favoriser les relations dans la fratrie ?
- je récompense l'harmonie ?
- je comprends que mon jeune enfant soit égocentrique ?
- j'encourage des comportements sociaux qui correspondent au niveau de développement de mon enfant ?
- je l'aide à développer des habiletés verbales, sociales et relationnelles ?

- je l'aide à identifier les émotions ?
- je l'aide à découvrir l'empathie ?
- je l'aide à s'affirmer ?

CHAPITRE 4

JE SUIS CAPABLE

▼

« Je suis capable ! » Voilà la phrase-clé pour un enfant de 2 ans. Mais si le petit bébé pouvait parler, il dirait lui aussi qu'il est capable : de sourire, de rire, de gigoter puis de se retourner, de balbutier des sons, d'attraper un objet et de le secouer.

Les enfants sont capables, et chaque jour un peu plus que la veille. Les parents s'émerveillent à juste titre des prouesses de leurs petits. L'énergie vitale qui circule en eux est un formidable moteur qui les pousse à faire de plus en plus de choses et à communiquer de mieux en mieux. C'est la magie du développement !

Les parents doivent être attentifs, dès la naissance, aux capacités de leur enfant. Il importe, en effet, qu'ils le stimulent et l'incitent à en faire toujours un peu plus, mais sans exagérer car des demandes excessives peuvent provoquer un sentiment de découragement. En revanche, si les parents n'en demandent pas assez, l'enfant se sent rapidement inapte ou incapable.

Le sentiment de compétence ne peut pas se développer sans essais et sans erreurs. Quand une personne refuse d'essayer de faire quelque chose parce qu'elle n'est pas certaine de réussir, elle se place dans la position de ne jamais savoir si elle aurait été capable de faire cette chose. L'important consiste à dissocier très tôt dans la tête de l'enfant erreurs et échecs. Pour cela, les parents doivent eux-mêmes accepter que leur enfant fasse des erreurs et qu'il apprenne de cette façon.

Ce sentiment de compétence est aussi en lien étroit avec la tendance à surprotéger l'enfant ? Nous touchons ici au grand défi de l'éducation. Comment protéger un enfant sans le surprotéger ? Comment l'aider à avoir confiance en lui tout en le sécurisant ? Comment encourager un enfant à essayer sans exercer des pressions indues ?

Chaque parent possède la réponse à ces questions. Celle-ci se trouve plus précisément dans l'observation amoureuse de l'enfant et dans la complémentarité de la mère et du père. En effet, la mère a tendance à « prendre soin » de l'intégrité corporelle de l'enfant. Celui-ci vient de son corps et elle veut l'envelopper encore. Le père, pour sa part, a tendance à faire davantage confiance aux capacités de son enfant : « Vas-y, tu es capable ! » Les pères lancent les bébés dans les airs et les mères ont un sursaut d'inquiétude. Il y a bien sûr des mères qui sont centrées sur l'action et des pères qui sont très protecteurs. L'important n'est pas là, il est dans l'équilibre qu'on doit trouver entre la protection et la stimulation.

Être capable et se sentir capable, ce n'est pas tout à fait la même chose. Il est essentiel que l'enfant continue à se sentir capable même s'il n'a pas été capable.

On peut se sentir capable dans bien des domaines :

- sur le plan physique, en bougeant, en courant, en montant sur son tricycle, en découpant, en attrapant un ballon, etc.
- sur le plan intellectuel, en comprenant, en parlant, en raisonnant, en mémorisant, etc.

- sur le plan social, en allant vers les autres, en partageant, en se faisant aimer, en s'affirmant, etc.
- sur le plan affectif, en étant en relation, en attirant l'attention, en aimant, en recevant de l'affection et en donnant, etc.

Il est normal de se sentir plus capable dans un domaine que dans un autre. Le fait d'éprouver des difficultés sur un plan ne doit pas remettre en question la compétence globale. Il importe surtout de garder en mémoire que la surprotection est l'ennemie du sentiment de compétence.

Mon enfant expérimente des réussites

Pour avoir confiance en soi et croire qu'on est capable, il faut faire souvent l'expérience de réussites.

Essayer pour réussir

Même si les enfants sont très conservateurs (ils ont besoin de routines et de stabilité), on peut les encourager à essayer de nouveaux mets, de nouveaux vêtements, de nouvelles habitudes, de nouveaux jouets, de nouvelles musiques, de nouveaux moyens d'expression (pâte à modeler, crayons, etc.).

On peut les encourager également à faire des expériences nouvelles :

- aller en garderie ;
- avoir de nouveaux amis ;
- voyager ;
- regarder de nouvelles émissions ;
- aller à des spectacles ;
- visiter de nouveaux endroits.

On peut enfin les encourager à essayer de nouveaux comportements :

- ramper, marcher ;
- dire merci, bonjour ;
- changer de rôle dans un groupe, suivre, diriger, écouter ;
- faire des choix différents ;
- demander à grand-maman de raconter une histoire ou de faire une promenade, etc.

L'objectif n'est pas de déstabiliser constamment les enfants, mais de leur montrer qu'il est agréable et intéressant d'essayer à l'occasion quelque chose de nouveau.

Pour le parent qui désire créer les conditions pour favoriser les prochaines étapes du développement de son enfant et favoriser ainsi son estime de soi, la marche à suivre est simple : il doit anticiper la prochaine étape du développement en veillant à ce que le contexte et les conditions soient favorables à son évolution. Il n'est donc pas question de faire les choses à la place de l'enfant.

Prenons le cas du petit explorateur (9 à 18 mois) pour bien comprendre de quoi il s'agit. Celui-ci a commencé à se lever tout seul en s'accrochant aux chaises et aux meubles. Vous le sentez prêt à tenir seul sur ses pieds pendant quelques secondes sans qu'il ait besoin de recourir à des appuis. Alors, vous allez accomplir des actions qui sont susceptibles de favoriser son estime de soi et d'encourager son envie d'essayer. Voici quelques exemples :

- vous le laissez s'accrocher à la chaise d'une main et vous tenez fermement l'autre main en disant : « Continue, c'est beau ! » ;

- vous tenez les deux mains de l'enfant, vous en lâchez une et dites « Bravo ». ;
- vous l'encouragez verbalement à lâcher la chaise ;
- vous tenez l'enfant par les deux mains que vous lâchez pendant quelques secondes en le félicitant pour tout de suite les reprendre.

Vos réactions quand votre enfant rencontre des difficultés influencent grandement son envie de continuer à essayer… et de réussir. Les parents qui voient leur enfant en difficulté ont souvent le réflexe d'intervenir immédiatement pour l'aider ou pour faire les choses à sa place. « Viens, je vais mettre tes bas. » « C'est trop difficile pour toi, donne-moi ça ! »

Parfois, l'enfant est irréaliste. Il veut faire quelque chose qui est vraiment trop difficile pour lui. Si ce n'est pas dangereux, laissez-le d'abord essayer. Il fera des erreurs et vous pourrez lui dire : « C'est bien, tu as essayé, mais c'est vraiment trop difficile pour un petit garçon de trois ans. Bientôt, tu seras capable ; viens, je vais t'aider. » N'oubliez pas de lui dire votre satisfaction devant le fait qu'il ait essayé.

L'enfant pourrait parfois réussir, mais il n'emploie pas toujours les bons moyens. À moins de circonstances exceptionnelles, comme d'être très en retard un matin, ne faites pas à sa place ce que l'enfant est capable de faire lui-même. Laissez-le essayer, et proposez-lui ensuite de recommencer en s'y prenant d'une autre façon. Ne lui faites qu'une seule proposition à la fois. Enfin, félicitez-le d'essayer et... de réussir.

Parfois, l'enfant démissionne et ne réussit pas. Encouragez-le à recommencer. Mais s'il refuse, n'insistez pas, car vous lui feriez sentir votre déception. Dès que vous en aurez l'occasion, soulignez positivement son désir d'apprendre. Ne vous découragez pas ; votre enfant retrouvera l'envie d'essayer si vous ne vous précipitez pas pour l'aider et si vous ne soulignez pas la situation de façon dévalorisante (« Tu es donc paresseux ! »).

Persévérer pour réussir

Il n'y a rien de plus normal que d'essayer et de se tromper. Mais se décourager ne mène nulle part. Lorsqu'on fait une erreur, on doit apprendre à essayer de nouveau, à recommencer, tout de suite ou un peu plus tard. C'est ce qu'on appelle la persévérance.

Le tout-petit n'est pas persévérant. Son égocentrisme naturel le porte à toujours refaire les mêmes erreurs puisqu'il n'arrive pas à s'autocorriger. Les parents sont bien placés pour lui apprendre à essayer d'autres façons de faire et, surtout, à ne pas avoir peur de recommencer.

Le jeu est un moyen de faire découvrir à l'enfant qu'il y a plusieurs façons de faire. Proposez-lui un jeu (cache-cache, course, etc.) qui peut se pratiquer de différentes façons ; inventez-en un si nécessaire. Commencez à jouer de façon classique, puis dites à l'enfant que vous allez lui montrer d'autres manières de jouer. Laissez l'enfant proposer ses propres idées, même si elles ne sont pas efficaces. Le jeu consiste à trouver le plus grand nombre possible de façons de faire.

Il est important de cultiver l'enthousiasme de l'enfant en lui proposant un but excitant. Lorsqu'on a du plaisir et qu'on est enthousiaste, on est prêt à faire bien des choses et les erreurs sont mieux tolérées.

Le jeu de la chasse au trésor permet de cultiver l'enthousiasme. Il s'agit de cacher une surprise, un « trésor », quelque part dans la maison ou à l'extérieur, dans le jardin ou le parc.

Plus l'enfant est petit, plus la cachette doit être simple afin qu'il prenne le moins de temps possible pour arriver au but. Plus l'enfant est grand, plus la cachette peut être complexe et plus le temps pour atteindre le but est long. Pour susciter l'enthousiasme, rendez le jeu intéressant : donnez des indices, faites une carte, dites « tu brûles, tu gèles », etc. Par-dessus tout, faites en sorte que l'enfant trouve la surprise ou le trésor et, à ce moment-là, félicitez-le pour sa persévérance, sa débrouillardise et son intelligence.

Reconnaître ses réussites

Il est très important de réussir. Or, un tout-petit réussit un tas de choses dans une journée. Pour développer sa confiance en lui, il doit être conscient de toutes ces réussites. Si ce qu'il entend des adultes autour de lui ne concerne que ses erreurs et ses échecs, il se sentira sans valeur aucune, malgré tout ce qu'il réussit. Il importe donc d'observer l'enfant et de lui souligner ses réussites, même si elles sont minimes. Mais attention ! Il s'agit de souligner ses vraies réussites, et non pas de transformer des échecs en réussites pour le valoriser.

Il faut éviter de comparer l'enfant à ses amis, à ses cousins, à ses cousines, à ses frères et à ses sœurs au même âge. L'enfant se compare déjà lui-même à ceux qui l'entourent et ses comparaisons sont parfois à son avantage et parfois à son désavantage. Lorsque l'enfant se compare de façon juste, il importe de confirmer sa perception et de le ramener à lui :

- « C'est vrai que ta cousine fait plus d'acrobaties que toi. Mais toi, par contre, tu es très rapide à la course. »
- « Tes dessins sont plus beaux que ceux de ton frère. Essaie donc de lui montrer comment faire. »

Par définition, un enfant est un être en développement. Ce qu'il ne peut pas faire à six mois, il le fera à un an ou à deux ans. Ce qu'il fait bien à trois ans, il le fera encore mieux à cinq ans. Mais s'il refuse d'essayer sous prétexte qu'il ne le fera pas aussi bien que la petite voisine ou son grand cousin, il vivra comme un échec ce qui n'est qu'un manque d'habileté. C'est ce qu'on appelait auparavant «de l'orgueil mal placé». Aujourd'hui, on parle d'un manque de confiance en soi.

Mon enfant a besoin d'être guidé vers la réussite

Guider mon enfant

Pour aider un enfant perfectionniste, un enfant qui souffre d'insécurité, un enfant découragé ou un enfant qui n'a pas de motivation, les parents doivent essayer le «faire ensemble».

Les principes du «faire ensemble» sont les suivants. Le parent:

- s'installe seul avec l'enfant dans un endroit confortable;
- demande à l'enfant ce qu'il veut faire afin de l'amener à préciser son but;
- aide l'enfant à clarifier son but;
- l'aide à choisir un but réaliste;
- lui demande ce qu'il va faire en premier lieu;
- lui demande ce que lui-même peut faire pour l'aider;
- l'amène à ne faire qu'une étape à la fois;
- félicite l'enfant chaque fois qu'une étape est complétée;
- ne fait pas les choses à la place de l'enfant, mais peut l'aider un peu;
- guide l'enfant sans s'énerver, sans critiquer, sans porter de jugement;

- félicite l'enfant lorsque le but est atteint;
- souligne la façon dont l'enfant s'y est pris pour atteindre son but;
- arrête l'action si l'enfant est fatigué et reprend plus tard là où l'on s'est arrêté.

Encourager mon enfant à imiter

Les enfants apprennent beaucoup par imitation. C'est pourquoi ils apprennent tant en garderie. Ils regardent les autres enfants et les imitent. Il est bien évident qu'ils n'imitent pas que les bons comportements, mais la vie est ainsi faite !

Le parent peut encourager son enfant dans cette voie :

- en lui proposant de regarder les autres et de les imiter;
- en faisant en sorte qu'il ait plusieurs modèles valables à imiter;
- en lui indiquant certaines émissions de télévision qui mettent en scène de jeunes enfants et qui sont aussi des occasions d'apprendre par imitation.

Encourager mon enfant à inventer et à innover

La créativité est, selon le biologiste et psychologue Jean Piaget, le propre du bébé et de l'enfant. En effet, le bébé découvre chaque jour de nouvelles façons de faire et de nouvelles habiletés. Pour leur part, les enfants entreprennent presque quotidiennement des activités nouvelles.

La créativité est cette capacité de découvrir, d'inventer, d'innover et d'imaginer le monde. C'est aussi la capacité de trouver des façons originales de résoudre des problèmes et de faire que la vie soit plus belle.

Il est possible et souhaitable d'encourager la créativité des tout-petits. Chez les **bébés**, on favorise les initiatives. Chez les **explorateurs** et les **décideurs**, on soutient les façons originales d'utiliser les casseroles et les cuillères de bois, et on fournit des occasions d'innover. Avec les **magiciens**, on stimule facilement la créativité puisqu'ils sont dans l'âge d'or de l'imaginaire.

DES SUGGESTIONS

Voici quelques suggestions pour vous aider à cultiver l'imagination de votre enfant. Si vous voulez exercer votre capacité d'écoute et de décodage, il vous faut attendre d'être dans un état de calme, de patience et de disponibilité, et vous sentir positif.

Un univers inattendu

Avec deux bouts de bois, une roche et un brin de laine, les enfants peuvent créer tout un univers. Donnez ces objets à votre magicien (3 à 6 ans). Demandez-lui d'inventer le plus de façons possibles d'utiliser ces objets ensemble. Bien sûr, ce jeu ou ce petit bricolage peut être réalisé avec d'autres objets.

Une invention sur demande

Donnez à l'enfant du papier, du carton, des crayons, de la peinture et des ciseaux, et demandez-lui de bricoler :

- un appareil qui détruit les fantômes ;
- une auto volante ;
- tout autre objet auquel vous pensez.

Le jeu des mots

Dites un mot et demandez à l'enfant d'en dire un autre rapidement, sans y penser. Continuez ainsi sans porter de jugements.

Le jeu des sons

Faites entendre à votre enfant différents sons et demandez-lui de les identifier. Demandez-lui également de produire des sons, d'en inventer avec des objets usuels ou avec sa bouche.

Un dessin qu'on invente

Faites un trait de couleur sur un grand carton ou sur une grande feuille de papier et demandez à l'enfant d'en tracer un également. Continuez ainsi, chacun à son tour, en cherchant à donner un sens au dessin.

La potion magique

Les petits enfants adorent préparer des potions magiques avec tous les ingrédients inoffensifs que vous leur donnez. Laissez-les faire, encouragez-les, discutez même avec eux des propriétés exceptionnelles de ces potions.

D'autres suggestions

- Faites preuve vous-même d'originalité; n'ayez pas peur de servir la soupe préférée de la sorcière ou de vous déguiser en dinosaure lors de la fête de votre petit;
- félicitez l'enfant lorsqu'il a une idée originale;

- riez avec l'enfant de ses jeux de mots, de ses nouvelles pitreries et de ses inventions;
- transformez une erreur en expérience inoubliable;
- discutez devant les enfants de toutes sortes de solutions aux problèmes.

Mon enfant a besoin de jouer

Les enfants ont besoin de jouer. Mais qu'est-ce que jouer? Les spécialistes de la petite enfance donnent plusieurs définitions différentes du jeu. Mais tout le monde s'entend pour dire que le jeu doit comporter les caractéristiques suivantes:

- plaisant;
- sans but précis;
- spontané et choisi librement;
- vécu activement, avec engagement;
- différent des autres apprentissages;
- sérieux tout en étant amusant;
- à la fois réel et imaginaire.

Mon enfant veut tout simplement jouer

L'univers nord-américain est envahi par la publicité des jeux qu'on appelle éducatifs. On dirait qu'un enfant ne peut plus jouer tout simplement et que chaque jeu doit comporter un objectif pédagogique. Or, il faut bien se rappeler qu'une des caractéristiques du jeu est d'être spontané et sans but précis.

Les enfants aiment jouer et ils aiment apprendre. Ils apprennent en jouant et le jeu, même le plus banal, est éducatif. Jouer est une façon d'apprendre la vie et d'intégrer ce qu'ils apprennent. Le jeu ne doit pas être toujours dirigé, organisé ou réglé par les adultes.

Plus les parents organisent les jeux et moins l'enfant est capable de jouer seul et d'inventer des jeux qui lui permettront d'intégrer tout son savoir afin d'en arriver à s'adapter par ses propres moyens à l'univers des adultes.

? Connaissez-vous bien les différents types de jeux de votre enfant ?

- Jeux d'exploration de son corps (sucer ses orteils, se masturber, etc.) ;
- jeux physiques (courir, grimper, lancer, etc.) ;
- jeux intellectuels (mémoriser, lire, regarder une émission éducative, etc.) ;
- jeux symboliques (jeux de rôles, de construction, de poupées, de soldats, etc.) ;
- jeux de création (dessiner, faire de la musique, bricoler, etc.).

Plus l'enfant vieillit, plus ses jeux sont symboliques et créateurs. À l'âge de raison (vers 7 ans), ses jeux commencent à faire appel à des règles et, plus tard, ils sont centrés sur les compétences physiques chez les garçons, et sur les compétences relationnelles chez les filles.

Mon enfant est capable de jouer tout seul

La capacité d'être seul n'est pas l'apanage de tous les enfants... ni de tous les adultes. Pour être bien lorsqu'on est seul, il faut ressentir en soi un sentiment de sécurité, être convaincu qu'on peut être en contact avec les autres si on le désire et avoir du plaisir à faire certaines activités sans aide et sans témoin.

Certains enfants ont un tempérament plus sociable et ont besoin d'avoir des gens autour d'eux. Par contre, d'autres ne sont pas capables de jouer seuls parce qu'ils n'ont jamais vraiment eu la chance de le faire ou parce qu'ils sont trop anxieux ; on pourrait sûrement ajouter que leurs parents sont souvent trop anxieux de les laisser jouer seuls.

Il arrive souvent que les enfants aînés n'aiment pas jouer seuls. En fait, les parents se sentent obligés de les occuper constamment, de répondre à tous leurs appels et de leur servir régulièrement de compagnons de jeux.

En tenant compte de l'âge de l'enfant, il faut lui permettre d'apprivoiser la solitude.

Le **bébé** (0 à 9 mois) peut s'amuser seul dans son berceau pour peu qu'on ne se précipite pas vers lui au premier cri. Il apprend à attendre en jouant avec ses pieds et ses mains, en essayant d'attraper le « mobile » qui est suspendu au-dessus de son lit ou de sucer sa couverture. En le laissant attendre un peu ou en le laissant s'endormir seul dans son berceau, les parents favorisent sa capacité de jouer seul.

L'**explorateur** (9 à 18 mois) est naturellement anxieux lorsqu'il est seul. Il a besoin de voir ou d'entendre le parent ou la gardienne afin d'être rassuré. Ces derniers peuvent toutefois favoriser la capacité de l'explorateur à jouer seul en vaquant à leurs occupations tout en le gardant à l'œil.

Le **décideur** (18 à 36 mois) aime bien faire des activités en restant à l'abri du regard de ses parents. Mais ceux-ci, à juste titre, sont craintifs lorsque le silence se fait. C'est que le décideur est le champion toutes catégories de l'expérimentation et que ses expériences se soldent souvent par des dégâts. Les parents peuvent tout de même favoriser pendant quelques minutes sa capacité à jouer seul. Il leur suffit de ne mettre à sa disposition que quelques gros jouets ronds (afin d'éviter les blessures) et de l'installer de façon à pouvoir quand même le surveiller à distance. Félicitez-le lorsqu'il s'amuse seul pendant quelques minutes. Donnez-lui souvent de l'attention, mais de façon brève et ponctuelle.

Le **magicien** (3 à 6 ans) a accès au monde de l'imaginaire. Le garçon est toutefois moins tranquille et plus moteur que la fille dans ses jeux. Le magicien a besoin d'amis, mais il doit apprendre aussi à jouer seul de temps à autre. Pour ce faire, on peut lui offrir du matériel qui favorise la création (des cartons, des crayons, de petits instruments de musique, des morceaux de tissus, etc.) et lui proposer un thème s'il n'en trouve pas. Laissez l'enfant inventer à sa guise !

Mon enfant développe le sentiment qu'il a du pouvoir

Sur les personnes

Les parents sont des êtres tout-puissants pour les enfants. C'est pourquoi ceux-ci sont si heureux lorsqu'ils se rendent compte qu'ils ont du pouvoir sur leurs parents. Cela les valorise et les fait se sentir grands et compétents.

Les **bébés** ont le pouvoir de nous faire lever quatre ou cinq fois durant la nuit, de nous confiner à la maison lorsqu'ils sont malades, de nous rendre complètement « maboules » lorsqu'ils sourient, prononcent leurs premiers mots ou essaient de nous imiter.

Les **explorateurs** ont le pouvoir de nous faire marcher pendant des heures tandis qu'ils s'agrippent à nos doigts. Ils ont la faculté de nous faire courir pour leur éviter un accident. Ils sont capables de nous émouvoir et de nous surprendre.

Les **décideurs** ont le pouvoir de nous faire tourner en bourrique (surtout dans les centres commerciaux) et de nous faire plaisir en faisant caca dans le petit pot. Ils ont aussi le pouvoir de retarder notre départ du matin et de nous obliger à tenir compte de ce qu'ils veulent.

Les **magiciens** ont le pouvoir de nous éblouir avec leurs mots d'enfants et de nous étourdir avec leurs questions. Ils ont la faculté d'inventer et de nous faire participer à leurs histoires. Ils ont aussi le pouvoir de nous séduire et de nous manipuler.

Les petits enfants développent leur sentiment de compétence en se rendant compte qu'il y a des façons meilleures que d'autres d'obtenir ce qu'ils veulent de la part des adultes. Il appartient alors aux adultes de définir ou de déterminer ces façons !

Les parents qui veulent montrer à leur enfant qu'ils ont tout le pouvoir nuisent à son sentiment de compétence. Comment l'enfant pourra-t-il penser influencer un jour ses amis, son enseignante ou ses collègues? Il se sentira toujours incompétent dans ses relations. Ceux qui laissent tout le pouvoir à leur enfant nuisent également à son sentiment de compétence. En effet, l'enfant aura un sentiment de toute-puissance qui lui fera du tort dans ses relations sociales. Il sera rejeté ou agressé. Enfin, les parents qui assument leur pouvoir d'adultes et de parents, tout en permettant à l'enfant de les influencer de temps à autre, développent ainsi son sentiment de compétence.

Les enfants exercent leur pouvoir non seulement sur leurs parents, mais aussi sur leurs frères et leurs sœurs, sur leurs gardiennes et leurs amis. Sans compter grand-maman et grand-papa, le parrain, la voisine, etc. Tout cela est normal. Mais lorsque les enfants abusent de leur pouvoir, les parents doivent faire part de leur désapprobation et redonner le pouvoir à la personne à qui il revient.

Sur les objets

Il vous est sûrement arrivé de ressentir une grande frustration devant un objet qui vous résistait : un robinet qui coule sans arrêt, une automobile qui refuse de partir ou un grille-pain qui ne rend pas les rôties. Vous avez certainement pesté contre l'objet en question en le rendant responsable de la situation. Tout se passe comme si on accusait l'objet de faire exprès pour résister à notre volonté. En fait, on n'accepte tout simplement pas de ne pas avoir de pouvoir sur cet objet. Le phénomène qui consiste à donner une intention à un objet s'appelle de l'animisme.

Il est naturel pour les petits enfants d'avoir une pensée magique animiste. Leur développement intellectuel les y maintient jusqu'à l'âge de 8 ans environ. Cela leur permet d'avoir des « mots d'enfants » qui nous émerveillent :

- « Est-ce que la feuille souffre quand je l'arrache ? »
- « Pourquoi le soleil me suit-il tout le temps ? »

Lorsqu'on pense que tous les objets sont animés de volonté ou de propriétés humaines, on se sent rapidement impuissant face à eux. Par exemple, si l'enfant pense que son bouton ne veut pas se faire attacher, il peut bien décider d'attendre que ce bouton veuille bien se laisser attacher !

Sans détruire l'imaginaire de l'enfant et sans le priver de la poésie de ses images, les parents peuvent entrer dans le jeu et redonner du pouvoir à l'enfant : « Viens, on va montrer à ton bouton comment entrer dans la boutonnière ! » L'enfant qui se rend compte qu'il a du pouvoir sur les objets (un pouvoir limité bien sûr) développe plus rapidement un sentiment de confiance en lui.

Plus un enfant apprécie un objet, sa doudou par exemple, et plus cet objet semble faire partie de lui. Il ne peut pas s'en séparer, il le traîne partout et lui accorde un pouvoir presque magique. On parle ici de l'objet transitionnel, de celui qui représente la sécurité et qui est un peu comme maman ou comme papa. Déjà, quand l'enfant arrive à s'en détacher un peu, les parents savent qu'il vieillit et qu'il devient plus autonome.

Il est normal que les bébés, les explorateurs et même les décideurs soient très attachés à certains objets. Rappelez-vous que le sentiment de sécurité est à la base de l'estime de soi. Vers 3, 4 ou 5 ans, les enfants développent une sécurité intérieure qui leur permet de délaisser leur sécurité extérieure (doudou, suce ou pouce). Cela se fait graduellement et le rythme n'est pas le même pour tous les enfants.

Mon enfant est fier d'assumer des responsabilités

Même de très jeunes enfants de 2 ou 3 ans aiment aider leurs parents. Cela leur donne le sentiment d'être importants. Mais les parents n'ont pas toujours envie de recevoir cette aide parce qu'elle signifie souvent un accroissement de leur tâche.

De temps en temps, il est important que vous permettiez à votre enfant de vous aider. Donnez un chiffon à votre petit pour qu'il époussette avec vous, laissez votre fillette vous aider à arroser les plantes et permettez à votre petit garçon de mélanger la pâte à gâteau. Donnez à votre enfant de 4 ou 5 ans de petites responsabilités : mettre son assiette sur le comptoir, faire son lit, ranger ses jouets, raccrocher le téléphone, etc.

Insistez sur l'importance de la tâche et récompensez les efforts de votre enfant. Les récompenses en temps et en activités sont plus appréciées que les récompenses en argent et en objets.

Saviez-vous que ...

- Les enfants ont besoin d'être protégés et non pas surprotégés.
- Surprotéger un enfant nuit à son estime de soi.
- Faire prendre conscience à l'enfant de ses réussites est très important.
- La créativité est un atout pour développer une bonne image de soi.
- La persévérance s'apprend.

? **Demandez-vous si vos attitudes permettent à votre enfant de développer un sentiment de compétence.**

Est-ce que...

- je propose de façon régulière de nouvelles expériences à mon enfant;
- je l'encourage à essayer des choses nouvelles;
- je connais assez bien mon enfant pour prévoir les prochaines étapes de son développement;
- je l'encourage à faire un pas en avant dans son développement;
- je lui fais part de ma satisfaction quand il essaie;
- je l'encourage à recommencer même s'il n'a pas réussi du premier coup;
- j'aide mon enfant à espérer réussir un jour;
- je cultive son enthousiasme;

- je le félicite pour ses réussites, même quand elles sont petites;
- je le félicite seulement lorsque c'est mérité;
- je compare mon enfant à lui-même et pas aux autres;
- je l'encourage à se fixer un but réaliste;
- je souligne non seulement sa réussite mais aussi de quelle manière il a réussi;
- je l'encourage à imiter d'autres enfants;
- je soutiens mon enfant dans ses inventions et dans ses innovations;
- j'encourage sa créativité;
- j'aide mon enfant à réaliser qu'il a du pouvoir sur les personnes;
- je l'aide à réaliser qu'il a du pouvoir sur les objets;
- je donne de petites responsabilités à mon enfant;
- je montre à mon enfant ma fierté.

Conclusion

Les parents sont les mieux placés pour favoriser l'estime de soi de leur tout-petit et, avant toute chose, pour l'aider à avoir confiance en lui.

Il y a des tout-petits qui ont un tempérament facile et qui s'ébattent dans la vie comme des poissons dans l'eau. D'autres, par contre, dont le tempérament est plus difficile, doivent apprendre longuement à nager avant de profiter vraiment de l'eau.

Faut-il rappeler encore une fois que les parents ont beaucoup d'importance pour leurs enfants et que leurs attitudes ont une influence certaine sur eux ? Assurément, ne serait-ce que pour faire remarquer que les enfants ont, eux aussi, une partition à apprendre et à jouer dans la grande symphonie de la vie.

Les parents ne peuvent pas tout faire, mais leur rôle est vital. Il leur appartient, en effet, de préparer les instruments de musique, de choisir une mélodie qui soit bien adaptée aux apprentis musiciens qui sont devant eux, d'organiser les répétitions, de multiplier les exercices pratiques, de laisser place à l'erreur et, enfin, d'orchestrer le tout avec le plus de doigté possible. Après cela, place à la musique ! Ce sera parfois une balade discrète et parfois une musique endiablée. Peu importe car, pour chaque membre de l'orchestre, l'essentiel consiste à faire de cette musique une œuvre originale.

Vous pouvez aider votre tout-petit à lire sa propre musique. S'il est bien dans son corps, s'il a le sentiment profond qu'il est aimable et la conviction qu'il est capable, s'il est à l'aise avec les autres et s'il peut se projeter dans l'avenir en croyant en lui et en espérant le meilleur, vous aurez accompli un travail de maître.

Par la suite, lorsque votre enfant aura atteint l'âge de 7 ou 8 ans, il portera un jugement positif sur lui-même tout en ayant conscience de ses difficultés. Il saura jouer le mieux possible de son instrument personnel et, même si les vicissitudes de la vie l'amènent à faire des fausses notes, il retrouvera plus rapidement ses « harmonies ».

Nous nous demandions, en introduction, de quelle façon les parents pouvaient favoriser l'estime de soi des tout-petits et nous expliquions que la réponse se trouvait simplement dans le fait de vivre avec ses enfants en gardant constamment au cœur et à l'esprit ces six mots-clés :

Plaisir - Amour - Sécurité - Autonomie - Fierté – Espérance

Ces mots sont, en effet, comme les six premières notes de la gamme sur lesquels l'enfant jouera sa vie. La dernière note, la septième, il la découvrira au fond de lui-même et l'intégrera à son œuvre musicale pour en faire quelque chose d'unique au monde, son chef-d'œuvre.

Ressources

Livres

ANTIER, Edwige. *Confidences de parents: Une nouvelle approche psychologique pour répondre à toutes vos interrogations*. Paris: Robert Laffont, 2002. 314 p. (Réponses)

BACUS, Anne. *Le livre de bord de votre enfant: de 1 jour à 3 ans.* Alleur: Marabout, 2001. 375 p. (Livre de bord)

BACUS, Anne. *Le livre de bord de votre enfant: de 3 à 6 ans.* Alleur: Marabout, 2001. 280 p. (Livre de bord)

Bacus, Anne. *Mon enfant a confiance en lui.* Alleur: Marabout, 1996. 160 p.

BÉLANGER, Robert. *Vinaigre ou miel: comment éduquer son enfant.* Lambton (Québec): Robert Bélanger, 1986. 354 p.

BÉLANGER, Robert. *Parents en perte d'autorité.* Saint-Laurent: Robert Bélanger, 1987. 143 p.

BETTELHEIM, Bruno. *Pour être des parents acceptables: une psychanalyse du jeu.* Paris: Hachette, 1998. 400 p.

BRIÈRE, Paule. *Attention: parents fragiles.* Montréal: Boréal, 1989. 177 p.

BUZYN, Etty. *Papa, maman, laissez-moi le temps de rêver.* Paris: Albin Michel, 1995. 188 p.

CHICAUD, Marie-Bernard. *La confiance en soi.* Paris: Bayard, 2001. 139 p. (La vie de famille: des repères pour vivre avec vos enfants de 0-7 ans)

CÔTÉ, Raoul. *La discipline familiale: une volonté à négocier.* Montréal: ASMS, 1999. 127 p.

DOLTO, Françoise. *La cause des enfants.* Paris: Pocket, 1995. 604 p.

DOLTO, Françoise. *Lorsque l'enfant paraît.* Paris: Seuil, 1999. 3 volumes. 580 p.

DUCLOS, Germain. *L'estime de soi, un passeport pour la vie.* Montréal: Éditions de l'Hôpital Sainte-Justine, 2000. 117 p. (Pour les parents)

DUCLOS, Germain, Danielle LAPORTE et Jacques ROSS. *Les grands besoins des tout-petits: vivre en harmonie avec les enfants de 0 à 6 ans.* Saint-Lambert: Héritage, 1994. 262 p. (Parent guide)

DUMESNIL, François. *Parent responsable, enfant équilibré.* Montréal: Éditions de l'homme, 1998. 379 p.

ELKIND, David. *L'enfant stressé: celui qui grandit trop vite et trop tôt.* Montréal: Éditions de l'homme, 1983. 204 p.

GEORGE, Gisèle. *Ces enfants malades du stress.* Paris: Éditions Anne Carrière, 2002. 183 p. (Essai)

GORDON, Thomas. *Parents efficaces au quotidien, tome 2.* Alleur: Marabout, 1999. 347 p.

MAZIADE, Michel. *Guide pour parents inquiets: aimer sans se culpabiliser.* Sainte-Foy: La Liberté, 1988. 180 p.

OLIVIER, Christiane. *Peut-on être une bonne mère?* Paris: Fayard, 2000. 109 p.

OLIVIER, Christiane. *Petit livre à l'usage des pères.* Paris: Fayard, 2000. 109 p.

PURVES, Libby. *Comment ne pas élever des enfants parfaits: guide des 3 ans à 8 ans à l'intention des parents flemmards.* Paris: Pocket, 1997. 254 p.

RIGON, Emmanuelle. *Papa maman, j'y arriverai jamais!: comment l'estime de soi vient aux enfants.* Paris : Albin Michel, 2001. 181 p. (Questions de parents)

SÉVÉRIN, Gérard. *Que serait «je» sans toi?* Paris : Albin Michel, 2001. 235 p.

Livres pour enfants

AUBINET, Marie. *Petit ours brun est fier de lui.* Paris: Bayard, 2000. 15 p. (Popi – Pomme d'api) 2 ans +

BEAULIEU, Jeanine. *Caillou et la grande glissade.* Montréal: Chouette, 2001. 24 p. (Sac à dos) 6 ans +

DOLTO-TOLITCH, Catherine. *Tout seul.* Paris: Gallimard jeunesse, 2000. 10 p. (Giboulées) 2 ans +

DUFRESNE, Didier. *Astrid est trop timide.* Paris : Mango jeunesse, 2000. 21 p. (Je suis comme ça!) 3 ans +

DUFRESNE, Didier. *Bénédicte se trouve trop petite.* Paris : Mango jeunesse, 2000. 21 p. (Je suis comme ça!) 3 ans +

DUFRESNE, Didier. *Chloé ne fait que loucher.* Paris: Mango jeunesse, 2001. 21 p. (Je suis comme ça!) 3 ans +

DUFRESNE, Didier. *Éliot zozote.* Paris : Mango jeunesse, 2001. 21 p. (Je suis comme ça!) 3 ans +

DUFRESNE, Didier. *Josué n'arrête pas de bégayer.* Paris: Mango jeunesse, 2001. 21 p. (Je suis comme ça!) 3 ans +

DUFRESNE, Didier. *Ophélie est étourdie.* Paris: Mango jeunesse, 2000. 21 p. (Je suis comme ça!) 3 ans +

DUFRESNE, Didier. *Roberto se trouve trop gros.* Paris: Mango jeunesse, 2000. 21 p. (Je suis comme ça!) 3 ans +

DUFRESNE, Didier. *Timothée a les oreilles décollées.* Paris : Mango jeunesse, 2000. 21 p. (Je suis comme ça!) 3 ans +

HENNING, Agathe. *Gaétan se trouve trop grand.* Paris: Mango jeunesse, 1999. 23 p. (Je suis comme ça!) 3 ans +

HENNING, Agathe. *Juliette n'aime pas ses lunettes.* Paris: Mango jeunesse, 1999. 23 p. (Je suis comme ça!) 3 ans +

KRISCHANITZ, Raoul. *Personne ne m'aime.* Zurich: Nord-Sud 1999. 26 p. (Un livre d'images Nord-Sud) 6 ans +

MONNIER, Miriam. *Moi, c'est moi.* Zurich: Nord-Sud, 2001. 25 p. (Un livre d'image Nord-Sud) 6 ans +

Sites Internet

L'estime de soi
Adaptation d'une présentation de R. Reasoner
http://www.pedagonet.com/other/estime1.htm

L'estime de soi
AIDES. L'Association des intervenants et des intervenantes pour le développement de l'estime de soi
http://www.estimedesoi.org/

Développer l'estime de soi de notre enfant
MokaSofa
http://www.mokasofa.ca/famille/theme/faire/02janvier28a.asp

Les enfants et l'estime de soi
Association canadienne pour la santé mentale
http://www.cmha.ca/french/mh_pamphlets/enfants_lestime.pdf

L'estime de soi. Comment aider votre enfant à l'acquérir
PANDA, de la MRC l'Assomption
http://panda.cyberquebec.com/estime.html

L'estime de soi des parents
Association canadienne des programmes de ressources pour la famille
http://www.cfc-efc.ca/docs/cafrp/00001262.htm

L'allaitement maternel

Comité pour la promotion de l'allaitement maternel de l'Hôpital Sainte-Justine

Le lait maternel est le meilleur aliment pour le bébé. Tous les conseils pratiques pour faire de l'allaitement une expérience réussie !

ISBN 2-921858-69-X 1999 / 104 p.

Apprivoiser l'hyperactivité et le déficit de l'attention

Colette Sauvé

Une gamme de moyens d'action dynamiques pour aider l'enfant hyperactif à s'épanouir dans sa famille et à l'école.

ISBN 2-921858-86-X 2000 / 96 p.

Au-delà de la déficience physique ou intellectuelle
Un enfant à découvrir

Francine Ferland

Comment ne pas laisser la déficience prendre toute la place dans la vie familiale ? Comment favoriser le développement de cet enfant et découvrir le plaisir avec lui ?

ISBN 2-922770-09-5 2001 / 232 p.

Au fil des jours... après l'accouchement

L'équipe de périnatalité de l'Hôpital Sainte-Justine

Un guide précieux pour répondre aux questions pratiques de la nouvelle accouchée et de sa famille durant les premiers mois suivant l'arrivée de bébé.

ISBN 2-922770-18-4 2001 / 96 p.

Au retour de l'école...
La place des parents dans l'apprentissage scolaire

Marie-Claude Béliveau

Une panoplie de moyens pour aider l'enfant à développer des stratégies d'apprentissage efficaces et à entretenir sa motivation.

ISBN 2-921858-94-0 2000 / 176 p.

En forme après bébé

Exercices et conseils

Chantale Dumoulin

Des exercices et des conseils judicieux pour aider la nouvelle maman à renforcer ses muscles et à retrouver une bonne posture.

ISBN 2-921858-79-7 2000/128 p.

En forme en attendant bébé

Exercices et conseils

Chantale Dumoulin

Des exercices et des conseils pratiques pour garder votre forme pendant la grossesse et pour vous préparer à la période postnatale.

ISBN 2-921858-97-5 2001/112 p.

L'enfant malade

Répercussions et espoirs

Johanne Boivin, Sylvain Palardy et Geneviève Tellier

Des témoignages et des pistes de réflexion pour mettre du baume sur cette cicatrice intérieure laissée en nous par la maladie de l'enfant.

ISBN2-921858-96-7 2000/96 p.

L'estime de soi des adolescents

Germain Duclos, Danielle Laporte et Jacques Ross

Comment faire vivre un sentiment de confiance à son adolescent? Comment l'aider à se connaître? Comment le guider dans la découverte de stratégies menant au succès?

ISBN 2-922770-42-7 2002/96 p.

L'estime de soi des 6-12 ans

Danielle Laporte et Lise Sévigny

Une démarche simple pour apprendre à connaître son enfant et reconnaître ses forces et ses qualités, l'aider à s'intégrer et lui faire vivre des succès.

ISBN 2-922770-44-3 2002/112 p.

L'estime de soi, un passeport pour la vie

Germain Duclos

Pour développer des attitudes éducatives positives qui aideront l'enfant à acquérir une meilleure connaissance de sa valeur personnelle.

ISBN 2-921858-81-9 2000/128 p.

Et si on jouait?

Le jeu chez l'enfant de la naissance à 6 ans

Francine Ferland

Les différents aspects du jeu présentés aux parents et aux intervenants : information détaillée, nombreuses suggestions de matériel et d'activités.

ISBN 2-922770-36-2 2002/184 p.

Être parent, une affaire de cœur I

Danielle Laporte

Des textes pleins de sensibilité, qui invitent chaque parent à découvrir son enfant et à le soutenir dans son développement.

ISBN 2-921858-74-6 1999/144 p.

Être parent, une affaire de cœur II

Danielle Laporte

Une série de portraits saisissants : l'enfant timide, agressif, solitaire, fugueur, déprimé, etc.

ISBN 2-922770-05-2 2000/136 p.

Famille, qu'apportes-tu à l'enfant?

Michel Lemay

Une réflexion approfondie sur les fonctions de chaque protagoniste de la famille, père, mère, enfant... et les différentes situations familiales.

ISBN 2-922770-11-7 2001/216 p.

La famille recomposée

Une famille composée sur un air différent

Marie-Christine Saint-Jacques et Claudine Parent

Comment vivre ce grand défi ? Le point de vue des adultes (parents, beaux-parents, conjoints) et des enfants impliqués dans cette nouvelle union.

ISBN 2-922770-33-8 2002/144 p.

Favoriser l'estime de soi des 0 - 6 ans

Danielle Laporte

Comment amener le tout-petit à se sentir en sécurité ? Comment l'aider à développer son identité ? Comment le guider pour qu'il connaisse des réussites ?

ISBN 2-922770-43-5 2002/112p.

Guide Info-Parents I

L'enfant en difficulté

Michèle Gagnon, Louise Jolin et Louis-Luc Lecompte

Un répertoire indispensable de ressources (livres, associations, sites Internet) pour la famille et les professionnels.

ISBN 2-921858-70-3 1999/168 p.

Guide Info-Parents II

Vivre en famille

Michèle Gagnon, Louise Jolin et Louis-Luc Lecompte

Des livres, des associations et des sites Internet concernant la vie de famille : traditionnelle, monoparentale ou recomposée, divorce, discipline, conflits frères-sœurs...

ISBN 2-922770-02-8 2000/184 p.

Guide Info-Parents III

Maternité et développement du bébé

Michèle Gagnon, Louise Jolin et Louis-Luc Lecompte

Des ressources fort utiles concernant la grossesse, l'accouchement, les soins à la mère et au bébé, le rôle du père, la fratrie...

ISBN 2-922770-22-2 2001/152 p.

Guider mon enfant dans sa vie scolaire

Germain Duclos

Des réponses aux questions les plus importantes et les plus fréquentes que les parents posent à propos de la vie scolaire de leur enfant.

ISBN 2-922770-21-4 2001/248 p.

Les parents se séparent...

Pour mieux vivre la crise et aider son enfant

Richard Cloutier, Lorraine Filion et Harry Timmermans

Pour aider les parents en voie de rupture ou déjà séparés à garder espoir et mettre le cap sur la recherche de solutions.

ISBN 2-922770-12-5 2001/164 p.

La scoliose

Se préparer à la chirurgie

Julie Joncas et collaborateurs

Dans un style simple et clair, voici réunis tous les renseignements utiles sur la scoliose et les différentes étapes de la chirurgie correctrice.

ISBN 2-921858-85-1 2000/96 p.

Les troubles anxieux expliqués aux parents

Chantal Baron

Quelles sont les causes de ces maladies et que faire pour aider ceux qui en souffrent ? Comment les déceler et réagir le plus tôt possible ?

ISBN 2-922770-25-7 2001/88 p.

Les troubles d'apprentissage : comprendre et intervenir

Denise Destrempes-Marquez et Louise Lafleur

Un guide qui fournira aux parents des moyens concrets et réalistes pour mieux jouer leur rôle auprès de l'enfant ayant des difficultés d'apprentissage.

ISBN 2-921858-66-5 1999/128 p.

Québec, Canada
2002